ヴェブレン
小原敬士
勁草書房

Thorstein Veblen

by OHARA KEIJI

keiso shobo

ヴェブレン

小原敬士著

思想学説全書

勁草書房

Thorstein Veblen

はしがき

いま、ソースタイン・ヴェブレンの生涯と思想にかんするこの小著を世に送るに当って、わたくしは、いろいろな感慨が胸に去来することを禁ずることができない。

そもそも、この叢書が企画され、そしてわたくしが、その一冊として「ヴェブレン」の執筆をひきうけてから、すでにほとんど十年近くの年月が経っている。そのあいだに、わたくしの身辺には、二度の外国旅行、二人の娘の結婚、自宅の焼失、わたくし自身の病気、妻の交通事故といったような出来事がつぎつぎにおこった。そのなかで、わたくしは、ヴェブレンの二冊の書物のほん訳をおこない、かれの伝記や思想にかんする七つほどの論文をかいたが、しかし、ひとつのヴェブレン論をかくことは、なかなかすすまなかった。かれの十一冊の著作はもちろん、数多くの参考文献も、ほとんど手もとに集まった。ノートやカードは山ほどたまった。わたくしは、それらの資料を基礎として、なんどもまとめにかかった。しかし、その仕事は容易に出来上らなかった。

その遅延はけっして外的な事情だけによるものではなかった。それは、ヴェブレンの、ひじょうに広範、多岐で、しかもまことに難解な思想を、そのすみずみにまで目を届かせながら、ひとつの全体像にまとめ上げることは、不敏なわたくしには、容易でなかったためであった。偉大な学者の著作は、いつでもそうであるが、ヴェブレンの書物もよめばよむほど新しい啓示が与えられ、理解の程度がふかまって、これでよいという切りがつかなかった。実はいまでもそうなのである。わたくしは、哲学、生物学、考古学、人類学、歴史学、経済学、社会学、政治学などの広範な分野にわたるかれの論議の細部を十分に理解した上で、真に正しいヴェブレンの全体像を描いてみよといわれると、とうてい自信がもてない。しかし、そうしているうちにも、わたくしの頭のなかには、わたくしなりにつかんだヴェブレンのイメイジが、しだいに明確な形をとって定着してきた。その過程で、二つの事情がわたくしを助けた。そのひとつは、ちょうどヴェブレンの生誕百年目に当っていた一九五七年頃から、アメリカの学界で、再びヴェブレン研究の気運が高まり、いろいろな学者が、新しい視角から、ヴェブレンの学問をもう一度掘りおこそうと試みはじめたことである。わたくしは、それらの研究によって、ヴェブレンの理解のための貴重な示唆や手掛りを与えられることが少なくなかった。もうひとつの点は、最近のアメリカ資本主義の様相そのものであった。それは、ある点では、ヴェブレンがなお生きていた第一次世界大戦後の時期の様相とひじょうによく似た要素をもっているが、そのような現実の認識をおしすすめることは、逆にヴェブレンの理解をいっそうふかめる助けとなった。もともと、アメリカ資本主義にかんするわたくしの考え方は、ヴェブレンによって触発されたばあいが少なくなかった。しかし、アメリカの現実に、しっかりと目を据えるにしたがって、ますますヴェブレンのいうことが判ってきたのは不思議であった。

ヴェブレンは、平和な未開文化と、略奪的な野蛮文化、製作本能と金銭的見栄、産業と企業といったような、わりあいに単純な対概念（Parbegriffe）を基礎として、資本主義文化の本質を解明することを試み、そして事実、資本主義の深部の諸様相をするどく剔抉する上に輝かしい業績を残した。まったく、かれが三十五年以上も前におこなった洞察や予測の多くは、驚くべき的確さで現代にも当てはまるものをもっている。そして、それは、かれの用いた基本的なカテゴリーが、実は資本主義、ことにアメリカ資本主義そのものの基本的カテゴリーであったからであると考えられる。

わたくしのみるところでは、アメリカ資本主義は明らかに二つの魂をもっている。そこには、敬虔で勤勉なピューリタンの心情と、荒々しく向うみずなフロンティヤ精神とが共存している。そこには、節約と蓄積にはげむインダストリアリストと、「商略と欺瞞」をこととするマーチャント・プリンスとが並存している。それらのものは互に矛盾し、対立しながら、同時にいっそう高次の組織のなかに結合し、融合している。それがアメリカ資本主義の真の姿である。ヴェブレンは、それを、かれ独特の理論をもって、的確に捉えた。かれの発見や洞察は、けっして過去のものではない。それは十分に今日的な意味をもっている。現代のアメリカの資本主義を理解するためには、もう一度ヴェブレンに帰ることが必要である、とわたくしはおもう。

わたくしは、このような立場から、ヴェブレンの思想を、その背後の歴史的現実と関連させながら、できるだけコンシステントに究明することを試みた。その試みが、わたくしの意図に反して、けっして十分に成功していないことは、筆者自身がいちばんよく知っている。にもかかわらず、わたくしは、自分の仕事にひと区切りをつける意味もあって、ひとまず本書を世に送る。もしも、この程度のものでも、わが国におけるヴェブレンと、アメリカ資本主義の研究の前進に少しでも役立つことができれば、著者としてこれ以上の喜びはない。
わたくしは、この仕事を終えるに当って、心からお礼を申したい方々がある。終戦直後の頃、ある経済学講座に、ヴェブレンについて執筆する機会を与えられ、わたくしのヴェブレン研究の動機をつくっていただいた中山伊知郎博士、当時は入手困難であったドーフマンの『ヴェブレンとそのアメリカ』を長期にわたって使用をゆるされた中島正信教授、わたくしの遅々とした執筆の期間中、絶えず辛抱づよい援助を惜しまれなかった勁草書房の別所久一氏ならびに中嶋嘉一郎氏などがそれである。わたくしは、これらの方々への感謝をこめて、この小著を世に送りたくおもう。

一九六五年二月一日

小原敬士

目　次

第一章　緒　　論

流通費の過多について――

「概して、消費者が財貨・労務に支払う価格の半分は、販売術に帰属すべきであるということは、もちろん、見当違いではなかろう。しかし、多くの重要な商品のばあいには、販売費は多くのばあい、固有の生産費の一〇倍ないし二〇倍くらいとなるであろう。……販売術は……企業界の繁栄の主要な根拠となり、また人民大衆の絶えざる困窮や不満の主な源泉となる。」

浪費の効果について――

「現在の繁栄がそれによっておしすすめられた外部的刺激が、適当な歩調でつづくならば、繁栄期はひきのばされるであろう。そうでなければ、多かれ少なかれ突発的で広汎な清算以外の結果は期待できそうもない。……つまり、産業的な支出以外の支出、すなわち産業の立場からみれば、純然たる浪費であるような支出による財貨や労務の吸収がますます多量におこなわれねばならないであろう。もしも浪費的な支出が弛緩するならば、その論理的帰結は、企業や産業の大きな攪乱となり、不況がそれにつづくことにならざるをえないであろう。」

資本主義的悪徳について——

「犯罪によって多額の富を手に入れた泥棒や詐欺漢は、こそ泥棒よりもむしろ法律の厳罰を免れる機会が多い。そのような泥棒がその盗品を、あたかも身分が高いひとのように消費することは、洗練された礼儀作法を身につけたひとびとの感覚にうったえる大きな効果がある。それは、ひとびとがその犯行をみるばあいの背徳の感覚を軽減するほどである。」

「泥酔その他、アルコール飲料をふんだんにとることとの病的な結果が、高い身分の第二次的な烙印として、尊敬の的となる。」

大学について——

「現代の状態のもとでは、〔大学の〕必要な物的施設はきわめて立派なものであるかもしれないし、補助者や助手などの数も相当なものであるかもしれない。しかし、それらのものは、すべて大学ではない。単にその施設にすぎない。」「大学とは、円熟した学者や科学者の団体——「教授団《ファカルティ》」——である。」

アメリカの病理的な社会心理について——

「アメリカの現在の状況は、ある種の精神病〔早発性痴呆症（dementia praecox）〕の状態である。アメリカの現状は、ある種のアンバランスと錯乱を度外視しては、正しく理解することができない。……かれらは忽ち根拠のない残虐行為や、忌むべき陰謀、策略を信じこみやすい。かれらは忽ち、やみくもな不寛容に駆り立てられ、想像上の害毒にたいする防衛策として、あまり賢明でない残酷な行為に訴える。」

「日本の機会」について——

「この君主国〔日本〕の政府は、問題を首尾よく（帝国主義的に）解決するためには、その用いうる一切の力を残りなく、ひとつの盲目的な突進のなかに投げ入れねばならない。……というのは、ことの性質上、この種の好機は、二度と望むことができないからである。」

戦後の経済復興について——

「現代においては、武力によって踏みにじられ、荒らされた国は、驚くべき短期間のうちに、その物的繁栄を回復する。——それは、このような即刻の回復をもたらす状況の連鎖について多くの反省を加えずに、事実を記録する歴史家にとっては、驚きである。この点にかんするかれらの驚きは、ある程度、標準的な経済理論によって助長される。その理論は、「生産財」を生産的な要因として高く買うからである。」

これらの言葉をよむひとは、それがいずれも、現代もしくはごく最近の過去のいろいろな社会現象にたいしてむけられた洞察と批判の言葉であるとおもうに違いない。しかし、それは、けっして、現代の文明批評家の誰かがいった言葉ではない。それは、いまから三十五年も前に死んだアメリカの思想家ソースタイン・ヴェブレンが、その生存中、いろいろな機会にかき残した言葉である。「日本の機会」についての言葉は、まさに「真珠湾」の盲進を、驚くほど的確に予測したものとして注意されているが、それは、一九一五年に発表されたそのような表題の論文のなかの一句である。敗戦国の急速な経済復興を鋭く洞察した言葉も、同じく一九一五年に著わされた『帝政ドイツと産業革命』（*Imperial Germany and Industrial Revolution*, 1915.）のなかに記されたものである。

ソースタイン・ヴェブレン Thorstein Bunde Veblen（1857—1929.）は、生れてからす

でに百年以上の歳月がすぎており、死んでからも三十五年たっているが、資本主義の社会と文化にたいするかれの鋭い批判は、いまでもなおけっして時代錯誤とはなっていない。アメリカ経済学会は、一九五七年の年次大会で、その年がちょうど生誕百年目に当っていたヴェブレンにかんする分科会をもったが、その司会をやったドーフマン Joseph Dorfman 教授は、その開会の挨拶のなかで、つぎのようにいっている。

「アメリカ経済学会が、ソースタイン・ヴェブレンの生誕百年祭を祝わねばならないということは、それ自体が、経済思想の成長にたいするかれの影響をみとめることであると考えてもよいかもしれない。かれの業績が依然として大きな論争の源となっていることは、その正しさを証明するものである。この選らばれたリストに加わる候補者の権利にたいして、最後の審判官となるのは、時間だけである。われわれがここに集まっているという事実そのものによって明らかであるように、時間がその判決を下したのである。」

ヴェブレンは、その性格が狷介であり、その思想が異端的であったために、生前には、アメリカの学界から十分に尊重されず、むしろ冷遇をうけた。しかし、かれの思想と業績は、ドーフマン教授もいうように、その後のアメリカ経済思想の発展に大きな影響を与えたばかりでなく、そのあるものは、不死鳥のような生命力をもって生き永らえ、いまなおわれわれに多くの啓示を与えている。最近、アメリカの学界で、ヴェブレン生誕百年を機縁として、「ヴェブレン復興の気運」が高まっていることは、けっして偶然ではない。

実際、アメリカの学界では、最近、たしかにヴェブレン復興のいろいろな兆候があらわれている。かれの著作の主要なものは、たいてい新書版の形で新版が出されているし、ヴェブレンにかんする研究書もつぎつぎに世に送られている。Bernard Rosenberg, *The Values of Veblen : A Critical Reappraisal*, 1956. Lev E. Dobriansky, *Veblenism : A New Critique*, 1957. Douglas F. Dowd, ed, *Thorstein Veblen : A Critical Reappraisal. Lectures and Essays Commemorating the Hundredth Anniversary of Veblen's Birth*, 1958. University of California Press, *Institutional Economics*, 1963. などがそれである。そのほかレオ・ヒューバーマンとポール・スウィージーの編集による「マンスリー・レヴィユウ」も、一九五七年七―八月号をヴェブレン生誕百年記念の特集号に当てている。[1)]

もっとも、ヴェブレンの思想を現代に掘りおこそうとしているひとびとは、その態度や問題意識[2)]の点で必ずしも同じであるとはかぎらない。あるものは、改めてヴェブレンを批判することによって、かれの批判の対象となったものを弁護しようとしている。ドブリアンスキーなどは、「もちろん、全体としてみたソースタイン・ヴェブレンの社会哲学体系については、今日それをうけいれるには、なんら十分な合理的な根拠がない。この意味で、ヴェブレン主義は過去のものである。[3)]」という立場から、ヴェブレンの個々の学説を片っ端からこまかく再検討し、批判することをやっている。例えばかれは、企業合同運動にかんするヴェブレンの描写は、それを無限に拡張的なものとして特徴づけている点で、間違いであるという。「というのは、このような現象は、株式会社金融にかんするあらゆる教科書が示しているように、偶発的、断続的かつ可変的なものであるからである。それればかりでなく、巨大な企業結合によって実現される金銭的利得は、ヴェブレンが考えたよりも概してずっと少なかった。そのあるものは、損失をさえ蒙った。[4)]」

しかし、それとは反対に、資本主義社会にかんするヴェブレンの分析と批判はいまもなお十分に生きていると考える立場から、現代資本主義社会の批判のための武器として、ヴェブレンを掘りおこそうとしているものも少なくない。「マンスリー・レヴィユウ」の編集者は、そのヴェブレン特集号のなかで、「なぜ、社会主義雑誌がかれ〔ヴェブレン〕に名誉を与えねばならないか」と問い、それに答えてこう言っている。[5)]

「ヴェブレンは単純な男ではなかった。かれは諷刺家、偶像破壊者、制度主義者、テクノクラットなどとよばれた。これらのすべてのもののどれかがかれの中にあった。もっとそれ以上のものがあった。かれは不思議な、特異な混合物であって、手際よくかきあらわしたり、きちんと分類することができない。しかし、ヴェブレンについては、ふかい一貫性がある。かれは反逆者であり、左のひとであった。」

そしてポール・スウィージーは、「かれ〔ヴェブレン〕の全体のヴィジョンと細かい洞察はマルクス以後、それにまさるものがなく、アメリカの経済学者は誰ひとり比べものにならない」といい、だから、ヴェブレンの「解釈」は、たしかに「有益であるし、おそらく必要な仕事でもあろう」という。

また、同じくヴェブレンの学説にたいして肯定的な態度をとりながら、あるいはそれを「経営者革命」(ジェイムズ・バーナム)の考え方と結びつけ、あるいはまたニュー・ディールや「ケインズ革命」の源流と考えて(マックス・ラーナー)、その意味でヴェブレンを現代に生かそうとしているものもある。

ヴェブレンはたしかに天才的な思想家であったが、しかし、そのために、多分に奇矯で、均衡を失した思想家であったこともたしかである。ドブリアンスキーが

「ヴェブレンの学殖の幅は、その互いに関連する諸著作の中に織りこまれたさまざまな多方面な材料によって測ることができる。ヴェブレンの著作は、全体として観察し、文体の皮をはいでみれば、思想の真の深さを示すものとはいうことができない。かれの一貫性の欠如、矛盾、一定の推理の線を貫くことの欠陥、諸観念の合理的基礎づけの失敗などを考えるならば、かれが明快でバランスのとれた思想家ではなかったことは明らかである。かれの全体の知性的傾向は不均衡が特徴となっている。[6)]」

といっていることは、ある程度その通りである。だからかれの思想の中には、真珠と泥土とがまぜ合わさっている。またかれは三十五年も前に死んだひとであって、その後のアメリカ社会にはヴェブレンが知らなかったいろいろな新しい様相が現われている。かれの考え方がそのまま現代に当てはまるとはかぎらないのは当然である。

しかし、わたくしのみるところでは、ヴェブレンの中には、いま掘りおこしてみても、なおさん然と光りを放つような多くの宝石が蔵されている。ことに、アメリカ資本主義の本質

にたいするかれの鋭い洞察は、かなりの程度まで現代資本主義にたいしても妥当するようにおもわれる。むしろ、アメリカの現代資本主義の理解のためには、もう一度ヴェブレンに立ちかえることがぜひ必要ではないかとおもわれる節が多い。

ここでは、このようなことを頭において、ヴェブレンの生涯と、その思想発展のあとをたどってみたい。

1) この点については拙稿「ソースタイン・ヴェブレンの生誕百年祭」（「経済研究」第一〇巻二号、一九五九年四月）参照。

2) その点については拙稿「ソースタイン・ヴェブレンに関する研究の展望」（「経済研究」第五巻四号、一九五四年一〇月）参照。

3) Lev E. Dobriansky, *Veblenism, A New Critique*, 1957. p.389.

4) Lev E. Dobriansky, *ibid.*, p. 323.

5) *Monthly Review*, 1957, July-August, p. 65.

6) Lev E. Dobriansky, *ibid.*, p. 383.

第二章　思想形成の過程

一　時代と環境

ヴェブレンは、アメリカ思想界の異端者であり、非国教徒《ノンコンフオーミスト》であった。かれは、かつてユダヤ人について、「憩いの地を求めて、道に沿ってどこまでも、地平線のむこうのどこかへ歩いてゆく知識人の無人郷の放浪者」とかいたが、それは、かれ自身について、もっともよく当てはまる言葉であった。「かれら〔ユダヤ人〕は足もとが定まらない異邦人」であった。かれもそうであった。かれの思想は、マンフォードの言葉によると「冷厳といってよい位に奇矯であり、……一片の菓子のようにみえる包装につつまれたダイナマイト」であった。かれの経済学は、マックス・ラーナーにいわせると「指導的というよりもむしろ幻想破壊的であった。」かれは、そのような思想と、狷介で非社交的な性格のために、とうとう正統的なアメリカの学界にうけいれられずに、孤独と貧困の生涯を送った。かれのそのような思想と性格をはぐくんだ時代と環境はどのようなものであっただろうか。まずその点を顧みよう。

ヴェブレンは、一八五七年七月三十日、ウィスコンシン州カトウ・タウンシップのある農場に生まれた。それは、カール・マルクスの『政治経済学批判』と、チャールス・ダーウィンの『種の起源』が出版された年の二年前に当っていた。父親はトーマス・アンダースン・ヴェブレン Thomas Anderson Veblen といい、母親はカリ・ブンデ Kari Bunde といった。ヴェブレンはこの両親の十二人の子供の第六子として生まれた。[1)]

両親はもともと北欧ノールウェーからの移民であった。かれらは最初、わずかの資金をもっただけで、ウィスコンシン州のミルウォーキーにやってきた。しかし、父親は農民としての経験のほかに大工としての技倆をもっていたし、母親は忠実で敬虔で、忍耐心のつよい女性であった。かれらは、いろいろな困難もあったが、やがて農場の経営者としてしだいに成功した。そして、最後にかれらは、ヴェブレンが八歳のときに、ミネソタ州のナースランドの大きな農場に移った。そこは、ノールウェー移民が集団的に入植していた開拓地であった。そこでは、住民はすべてノールウェー語で話し、ノールウェーの古い生活様式をそのままに維持していた。ヴェブレンは、そのような環境のなかで、ひとりの「田舎者」として育った。

かれは、後年、東部の大学にすすんだ後も、いつでも級友たちから「外国人」とか「北西部のスカンジネビア人」などとよばれた。ヴェブレンの性格をつよく特徴づけていた孤独癖や非社交性を、すべて、このような特殊な生活環境の側から説明することは、[2] 必ずしも当をえているとはいえないであろう。しかし、そのような環境が、ある程度まで、かれの性格と、学問に影響したことは否定することができないようだ。

ヴェブレンが育った中西部のノールウェー農村共同体には、北欧と変らない単純で素朴な生活があった。そこではなによりも勤労が尊重され、階級間の「上下の差別」(invidious discrimination) などはなかった。それは、金銭的見栄と営利企業が支配していた東部のヤンキー社会とは、際立った対照を示していた。そして、このような中西部の素朴な農民たちは、しばしば東部の商人や投機業者の営利の餌食にされた。ヴェブレンの父トーマスも、法律と専門用語に通じた東部のヤンキー債権者によって、その最初の農場をだましとられる苦い経験を味った。製作者本能 (instinct of workmanship) と金銭的見栄 (pecuniary emulation)、平和的未開段階と略奪的野蛮段階、産業と企業といったようなヴェブレンの全思想を貫く基本的二元論《デューアリズム》は、結局、西部と東部、辺境と都市文明との経済的文化的対立関係にかんするかれ自身の生活体験を背景とするものであることは疑いがない。ヴェブレンの伝記作者ジョセフ・ドーフマンもいっている。

「ヴェブレンの公平な見方は、かれが中西部の「小ノールウェイ」にその青年期を過したことからおこった。そこには、急速に影がうすれ、都市の有力なヤンキー企業文化の中に投げこまれようとしていた、比較的自足的な農村の生活様式があった。そのために、いずれの生活様式にたいする偏好をももたなかったかれ〔ヴェブレン〕は、アメリカを、資本主義の最高の所産に転換せしめつつあった諸制度、すなわち私有財産制のもとでの機械過程とその随伴物――株式会社金融と帝国主義――の発展を、同時代の誰よりも、はっきりとみることができた。[3)]」

しかも、このような東西両地域の対立と矛盾は、ヴェブレンがしだいに成長する頃からますますはげしくなった。南北戦争以後、ことに一八七三年恐慌以後は、農産物の価格が暴落して、西部の農民に大きな損害をあたえた。その上、西部から東部へ農産物を輸送するばあいの、中間商人や鉄道による中間搾取が甚しかった。一八七〇年以前でも、ミシシッピ以西の地域から大西洋岸まで積送される小麦代価の半分は中間商人にとられ、残りの大部分は鉄道運賃にとられた。西部の農民は東部の商人や資本家にたいしてはげしい反感をいだくようになった。そして、かれらは、ほぼ一八七〇年代以後、各地にグレンジャー運動、グリーン・バックス運動、自由銀運動、反鉄道闘争などの農民運動をおこした。このような西部農民の不満と怒りは、明らかにヴェブレンの思想形成にある程度の影響をあたえたようにみえた。「かれは、企業が支配していた工業的な東部にたいする農業的西部の歴史的な怒りを、ある程度まで代表していた」[4]（ドブリアンスキー）ことはたしかである。このような農業的西部の企業的な東部にたいする怒りは、後の『不在所有者制』（Thorstein Veblen, *Absentee Ownership and Business Enterprise in Recent Times : The Case of America*, 1923.）の基礎理念のひとつとなった。例えば、ヴェブレンは、その書物のなかでこういっている。

「地方都市の企業界は一様に支配権を握った。しかし、農民たちは負っぷりがよかった。かれらは概して莞爾として事態の変化をうけいれ、いつでもこの次には、もっとよい運にめぐり合ったり、もっとうまく立ち廻ることを頼みにした。しかし、その結果は、いままでのところつねに、農民はひじょうにつつましい生活のために働き、地方都市はひじょうに大きな利幅をえるということであった。[5]」

ヴェブレンの初期の人間形成にとって大きな意味をもったもうひとつのことは、その両親の人格や思想の感化であった。父親のトーマス・ヴェブレンは、勤勉な農民であると同時に、大工の腕をもった知性の豊かなひとであった。かれは探求と発明を好んだ。かれは、その地方で最初に、進歩した農業機械をとり入れたひとであった。ヴェブレンは、そのような父親の影響をうけて、幼いときから探求心に富んだ少年として成長した。かれは、七歳の頃から動植物にたいする深い興味を示すようになり、ひじょうに熱心にそれにかんする書物をよんだ。かれはまた、人間の類型にひじょうな興味をもち、村のひとびとにあだ名をつけるのが巧みであったという。かれがつねに製作本能や好奇本能を尊重し、晩年には、自分で机や椅子をつくったことも、おそらく父親の感化によるものであった。母親のカリ・ブンデは、敬神の念がふかく、温和で世話好きな女性であったらしい。ヴェブレンは、その社会思想の上でも、現実の生活の上でも、ある意味でのフェミニストであった。かれにとっては、女性は、つねに勤労的な製作本能の保持者であり、価値あるものの創り主であった。「かれ〔ヴェブレン〕の著作の多くのものは、情熱的な女性弁護論とみることができよう。ヴェブレンは女性をもって大きな被圧迫集団とみなしていた。[6]」リースマンはこうかいているが、ヴェブレンにとっては、自分の母親がそのような女性の原型であったのかもしれない。

1) ヴェブレンの権威的な評伝といわれるドーフマンの書物、Joseph Dorfman, *Thorstein Veblen and His America*, 1934. では、かれは、トーマス・アンダースン・ヴェブレンとその妻の「第四子」ということになっている(p. 3.)が、ここでは、いっそう新しいドブリアンスキーの書物 Lev E. Dobriansky, *Veblenism. A New Critique*, 1957, p. 6. の記述にしたがって「第六子」とした。

2) デヴィッド・リースマン David Riesman や、ルイス・フォイヤー Leuis Feuer はほぼそのような見解をとっているが、「マンスリー・レヴィユウ」の編集者はそれに反対してつぎのようにいっている。――「かれらはヴェブレンを、それに適応することができなかった社会をたった独りで放浪した異邦人としてみている。しかし、この美しい理論は絶対になにものをも説明していない、ということは、ちょっと考えればすぐわかることだ。ヴェブレンの仲間のたくさんのノールウェー・アメリカ人は、かれとまったく同じ背景から出発し、しかもかれらが住む社会に、ひじょうにうまく適応することができた。ヴェブレンはなぜそれができなかったのか。その答えはもちろん、ヴェブレンは異邦人であったばかりでなく、反逆者であり、そしてアメリカの社会は、なんと弁解しようとも、反逆者には用がなかった、ということである。明らかなことは、ヴェブレンの孤立は、その思想のゆえに与えられたものであって、かれの孤立からその思想がおこったのではない、ということである。これをみないのは、社会学者だけだ。」(*Monthly Review*,

July-August, 1957, p. 74)

3) Joseph Dorfman, "Introduction" to Thorstein Veblen, *Imperial Germany and the Industrial Revolution,* 1939. XV.

4) Lev E. Dobriansky, *ibid.*, p. 9.

5) Thorstein Veblen, *Absentee Ownership and Business Enterprise in Recent Times: The Case of America,* 1923, p. 141.

6) David Riesman, *Thorstein Veblen. A Critical Interpretation,* 1953, p. 41.

二　修　学

ヴェブレンは十七歳のとき、近くのノースフィールド（ミネソタ州）のカールトン・カレッジに送られた。そこは、ゆたかな神学的雰囲気をもった小さな大学で、両親はかれをルーテル派の牧師にするつもりであった。ヴェブレンの両親は、その子供たちの教育には熱心であった。両親は、当時の西部農村では異例なことであったが、その子供たちにいずれも高等教育をうけさせた。長男のアンドリュウ・エイ・ヴェブレンはその後アイオワ州立大学の物理学の教授となり、その子供のオスワルド・ヴェブレンは、プリンストン大学教授、アメリカで有数の数学者となった。

ヴェブレンは、最初、そのアカデミー（高等部）にはいり、三年後にカレッジにすすんで、一八八〇年そこを卒業したが、この大学での教育と環境は早くも、かれの思想傾向をノンコンフォーミズムの方にむけるように作用したようにみえた。第一、そこにはピューリタン・ニューイングランドの思考習慣と、東部実業家の家族出身の学生たちのもったいぶった態度とが支配していた。それは西部のノールウェー文化と東部の「金銭的」文化とのはっきりした格差を、ますますつよくヴェブレンに印象づけた。かれは、そこで言語学、博物学、哲学、社会学、経済学などを学んだが、それらの学問もヴェブレンには否定的な影響を与えたようにみえた。

それは、ひとつには、そこで用いられていた教科書のためであった。カールトンでは、ヒッコック Laurens P. Hickok の『経験心理学』、ウエイランド Francis Wayland、ウォーカー Francis A. Walker、ハドレー Arthur T. Hadley などの経済学、ジェイムス・マクコッシ James McCosh の『キリスト教倫理』などの教科書が用いられていたが、それらのものはいずれも、俗流化したプロテスタント神学か、もしくは同じく俗流化した古典派経済学にすぎなかった。それは結局、抽象概念としての私有財産、経済的自由、利潤追求の神聖化であり、もしくは、自然法学説の哲学的外枠の中での、個人と社会との調和の快楽主義的、功利主義的、ないしは改良主義的基礎付けにほかならなかった。それらのものはすべてヴェブレンにとっては、まったく不毛な抽象論のようにみえた。それは、かれに真理を教えなかった。それは、かれの懐疑主義の最初の対象となっただけであった。

ただ、その頃カールトンに教鞭をとっていた若きジョン・ベイツ・クラーク John Bates Clark（1847—1938）は別であった。ヴェブレンは、後にはクラークの「限界主義経済学の限界」をみとめるようになり、また同教授の楽観的な結論にあき足らなくおもうようになったけれども、しかし、かれがその後経済学の研究を志すようになったについて、クラークの指導と刺激に負うところが少なくなかったことは疑うことができない。かれは、その後、一九〇八年になってかいた「クラーク教授の経済学」と題する長い論文のなかで、こうかいている。[1)]

「近代理論に興味をもつもので、かれ「クラーク」のおかげをうけていないものは、ほとんどひとりもない。それと同時にかれは、とくに際立って、その分野の研究者の注意ばかりでなく、愛情をもひきつける才能をもっている。」

ヴェブレンがカールトン大学で、いちばん熱心に勉強したのは、博物学、古典語学、哲学、社会学などであった。なかでもかれは、カントとスペンサーの研究に没頭した。そしてかれは一八八〇年、立派な成績で同大学を卒業した。

その後かれはしばらく、マジスンのモノナ・アカデミーというルーテル派の高等学校で数学を教えていたが、一八八一年秋になると長兄アンドリュウにともなわれて、ボルティモアのジョンズ・ホプキンス大学の大学院にすすむことになった。しかし、かれがそこにいたのは一学年足らずの短い期間だけであった。それは、やはりヴェブレンがその大学の教授陣に失望したためであった。そこには、キリスト教社会主義者もしくは歴史学派の経済学者として知られたリチャード・イーリ Richard T. Ely 教授がいたが、ヴェブレンは、その講義にすっかり失望した。イーリ教授は、ドイツの国家学辞典の焼き直しのような講義をやっていて、「かれ自身のものは、なんにもなかった」(ヴェブレン)からである。その上、同大学が多分に南部の有閑階級文化の雰囲気をもっていたこともヴェブレンの気に入らなかった。

しかし、ここでもヴェブレンにとって大きな収穫となったものもあった。それは、独創的な哲学者として知られたチャールズ・パース Charles S. Peirce の講義であった。その頃パースはすでに「科学の論理」にかんする一連の論文を発表し、「思想の全機能は、行動の習慣をつくり出すことだ」、「研究の指導原理は、心意の習慣である、」といったようなことを主張していた。かれはまた「思想は、つぎつぎにそれ以上の思想をみちびき出すひとつの行動である、」ともいった。パースのこのような行動主義の哲学は、ヴェブレンがその後、いままでの経済学の受動心理学（passive psychology）の鋭い批判者としてあらわれるようになったことに、大きく役立ったようにおもわれる。

一八八二年、ヴェブレンはジョンズ・ホプキンスからイエール大学へ移ったが、ここではかれは、割合に好運であった。というのは、かれは、この大学で二人のよき学問的指導者にめぐり合ったからである。そのひとりは当時その大学の学長をつとめていた哲学者ノーア・ポーター Noah Porter 教授であった。ヴェブレンは、このポーターの懇切な指導のもとに哲学、ことにカントの研究に専念し、一八八四年には「因果応報説の倫理的根拠」（*Ethical Ground of a Doctrine of Retribution*）という論文を同教授に提出して博士号をあたえられた。かれはまたその年に「カントの判断力批判」という論文を「思弁哲学雑誌」[2)]に発表した。

もうひとりは、社会学者サムナー William Graham Sumner 教授であった。同教授は当時、ハーバート・スペンサー Herbert Spencer の社会学を講じており、アメリカにおける社会的ダーウィン主義者として知られていた。ヴェブレンは、同教授の、古典派的で、したがって保守的な経済思想にはあき足りなくおもっていたが、しかし、社会制度、進化、快楽主義、文化的残存などの概念について、サムナー教授から多くの示唆をあたえられたことは疑いがない。また、サムナーは、当時のアメリカのカースト的な教育制度にたいして勇敢な攻撃を加えていたが、この点もヴェブレンの思想に大きな影響をあたえたようである。ヴェブレンがサムナー教授を尊敬していたことはたしかである。「ヴェブレンは、イエールの旧師ウイリアム・グレアム・サムナーを賞めたほどには、シカゴ・グループの誰をも賞めなかった[3]」（リースマン）といわれる。

1) Thorstein Veblen, *The Place of Science in Modern Civilisation and Other Essays*, 1919. p. 180.

2) Thorstein Veblen, "Kant's Critique of Judgment", *The Journal of Speculative Philosophy*, Vol. XVIII, July 1884. この論文はいまは Thorstein Veblen, *Essays in Our Changing Order*, edited by Leon Ardzrooni, 1934. に収録されている。

3) David Riesman, *ibid.*, p. 19.

三　雌伏の時代

大学院を終えて学位をえたヴェブレンは学界への就職を望んだが、その機会はなかなかあたえられなかった。かれは、クラーク、ポーター、サムナーなどの有力なひとびとから推薦状をもらうことができたが、それでも職は容易にみつからなかった。

すでに社会進化論によってつよい影響をうけていたかれの思想が、当時のアメリカで哲学教師となることの邪魔になった。ひとびとは、かれに、不可知論者というレッテルをはりつけはじめていた。その上、かれは服装も粗末で、風采があがらなかった。かれはどこへいっても体よく断わられた。ヴェブレンは傷いた心と、マラリアによってそこなわれた健康をいだいて、ミネソタの農場に帰らねばならなかった。それは、ヴェブレンがその後、その生涯を通じて、アメリカの学界からいろいろな形であたえられた迫害の最初のものであった。

それから一八九一年までの七年間、ヴェブレンの上に、いわゆる晴耕雨読の単調な月日が流れる。その間、ヴェブレンが実際になにをしていたかは、あまりよく知られていない。ただひとつたしかなことは、かれがこの時期に多くの書物をよみ、その思索をふかめたということである。その中には、デヴイッド・ウエルズ、レスター・ウォード、ハリエット・マルティノー、ジョン・スチュアート・ミル、フェルディナンド・ラサルレ、ヘンリー・ジョージ、クリフ・レスリーなどの書物がふくまれていた。そのほかかれは、ルーター教会の蔵書、讃美歌集、小説、詩集など、手にふれるものはなんでも読んだ。ミネソタの農村で、ひとびとがヴェブレンをみるのは、窓の下で書物をよんでいるかれの頭だけであったといわれる。

もうひとつこの時期の大きな出来事は、かれが一八八八年、エレン・ロルフ Ellen Rolfe というカールトン大学時代の学友であった婦人と結婚したことである。かの女はその地方の立派な家庭の娘であった。父親のチャールズ・ロルフは、製粉会社や商品取引所に関係していた豊かな実業家であった。ひとりの伯父はカールトン・カレッジの学長であった。もうひとりの叔父は、アチソン・トペカ・サンタフエー鉄道の鉄道業者であった。ヴェブレンは、そのエレンと一八八六年に婚約をむすび、二年後に正式に結婚した。ミネソタの百姓の子であるヴェブレンと、有閑階級の娘エレンとの結婚は、はじめからなんとなく不自然なものをふくんでいた。ヴェブレンはエレンを通じて、はじめて東部上流社会の生活慣習や掟を身近かにみる機会をえたのであるが、それは、そのような金銭的文化にたいするヴェブレンの軽蔑と反感を緩和するどころか、むしろいっそうつよめたようにみえた。そして、かれらの結婚生活は、一九〇七年にいたって結局、破綻するのである。

ヴェブレンは結婚と同時にエレン夫人の父親の農場があったアイオワ州のステーシーヴィルに移り、そこで、相も変らぬ読書と思索の生活をつづけた。伝記者は、ヴェブレンがその頃、エレン夫人といっしょに植物学を学び、また、ちょうどその年に出版されて大きなセンセイションをまきおこしたエドワード・ベラミー Edward Bellamy の『回顧』(*Looking Backward*, 1888.) を読んだことを記している。この書物は、その当時のアメリカの社会経済情勢自体の変化とともに、ヴェブレンの学問的興味を、哲学から経済学の方に決定的に転換させる上に大きな役割を演じたようにおもわれる。

事実、ヴェブレンがミネソタやアイオワの農村にひきこもっていた時期は、かれ自身にとっては静かな陰遁の期間であったけれども、アメリカ資本主義にとっては、まさに「疾風怒濤」の時期であった。この時期には、一方では、製油、製糖、ウイスキー、綿実油、鉄道などの諸産業部門において、「トラスト」の形態による独占資本の形成がひじょうな勢いで進行していた。ちょうど一八八八年に、ニューヨークの弁護士ウイリアム・クック William W. Cook は「アメリカ国民は『トラスト』の発達にたいして警戒の念を懐くようになった。スタンダード石油トラストや、アメリカ綿実油トラストは、その種子を肥沃な土壌に蒔いたのであって、そのあまりにも、旺盛な成長は、いまや空気を毒し、健全な生命の存在と進歩とを窒息せしめている。[1]」とかいた。

他方では、一八八四年の恐慌の影響のために農民や労働者はますます貧困化し、そのためにかれらのあいだから、いろいろな形の社会運動が盛り上ってきた。

農民は農産物価格のひきつづく暴落によって苦しんでいた。一八八四年、小麦価格は一八六九年以来の最低となり、一八八一年に比べて四〇パーセントの値下りとなった。しかし、一方、独占的な鉄道は、高率運賃や割戻制によってますます農民を搾取した。これにたいして西北部の農民たちは「西北農民同盟」その他の農民組織をつくり、製粉業者、倉庫業者、鉄道、銀行などの独占企業に対抗しようとした。一八八六年九月には、これらの農民同盟と、当時のもっとも有力な労働組合、労働騎士団（Knights of Labor）との合同の州民大会がセント・ポールにひらかれた。翌年にも、その両組織の全国大会がミネアポリスでおこなわれた。当時の農民運動の指導者のひとりのマリー・リーズ夫人は、その頃の社会状態について、こう言っている。

「わたくしたちは奴隷制度を廃止した。しかし、関税法や国法銀行のために、前よりもいっそう悪い白人賃金奴隷制がはじまった。ウォール街がこの国を所有している。それはもはや、人民による、人民のための、人民の政府ではなくて、ウォール街による、ウォール街のための、ウォール街の政府である。この国の多くの庶民は奴隷であり、独占が主人である。西部と南部は、工業的な東部の前にひれ伏している。」

工場労働者の労働争議も至るところでおこった。イリノイ州では、一八八六年一年だけで、一、〇〇〇件以上のストライキがおこった。争議はしばしばきわめて急進的な形をとり、使用者側と労働者側とのあいだに、流血の騒ぎがおこることも少なくなかった。ミルウォーキーでは争議団にたいして州の軍隊が発砲し、八人の労働者が殺された。サウス・ウエスタン鉄道の争議でも暴動がおこった。シカゴのヘイマーケット事件[2)]では、爆弾騒ぎがおり、首謀者とみられたアルバート・パースンズ以下七人の「無政府主義者」が処刑された。

独占資本の専横にたいする一般民衆の批判や抗争もひじょうにさかんであった。ヘンリー・ロイド、アイダ・ターベル、リンカン・ステフェンズなどのいわゆる「マクレイカーズ」（独占暴露論者）たちは、無数の書物やパンフレットをかいて、スタンダード石油、鉄道その他の独占資本を攻撃した。その結果、一八八七年二月には、主として鉄道会社を取締ることを目的とした「州際商業法」が成立し、さらに一八九〇年には、画期的なシャーマン反独占法（Sherman Anti-Trust Act）が制定された。

まったく一八八〇年代のアメリカは、あらゆる経済問題や社会問題の坩堝のような状態であった。その間、ヴェブレンはミネソタやアイオワの辺境農村にひきこもっていたけれども、しかし、かれの鋭敏な頭脳が、そのような激動しつつある社会の諸問題を見逃すはずはなかった。かれの学問的興味はますます経済問題や社会問題の方にむけられたようにみえた。そして、一八九一年の冬、ヴェブレンが再びひとびとの前に姿をあらわしたときには、かれはもはやたんなる哲学者ではなくて、ひとりの進歩的な社会学者ないしは経済学者としてあらわれたのである。

1)　William W. Cook, *Trusts*, 1888, p. 21.

2)　これは、マコーミック農機具会社の労働争議に関連して一八八六年五月、シカゴのヘイマーケット街におこった騒擾事件であった。そのとき、なにものかによって爆弾が投ぜられ、ひとりの警官が死亡したために、アルバート・パースンズ Albert R. Parsons 以下七人の「無政府主義者」が逮捕せられ、十分な物的証拠なしに、死刑もしくは終身刑に処せられた。

第三章　華々しきデビューー

一　シカゴ大学におけるヴェブレン

一八九一年の冬のある日、熊皮の帽子をかぶり、コール天の服をきた奇妙な格好の男が、イタカのコーネル大学のラフリン J. Laurence Laughlin 教授の研究室を訪れ、いきなり「わたくしがソースタイン・ヴェブレンです」と名乗った。そのひとこそは、七年間、西北部の農村にすごした後に再び東部へ出てきたわれわれのヴェブレンであった。かれは、ベラミーの書物からえた啓示と、エレン夫人の父親の実業界での失脚を機会として、改めて社会科学を研究するために、ステーシーヴィルの陰棲から出てきたのである。

ヴェブレンが最初にラフリンに会ったことは、まことに好運であった。というのは、ラフリン教授は、自分自身はむしろ保守的な立場に立っていたけれども、カールトン大学のクラークや、イエール大学のポーターもしくはサムナーと同じように、ヴェブレンのすぐれた学才をみとめることには、けっしてやぶさかでなかったからである。ラフリンは、コーネル大学の学長と相談して、ヴェブレンを同大学のリーダーに採用した。その年かれは「社会主義理論における若干の閑却された点」(Some Neglected Points in the Theory of Socialism.)という論文をかいた。これは、スペンサーの社会主義論を手がかりとして、「経済的な見栄」(economic emulation)の概念を中心とする独特の社会主義観を述べたものであったが、それはかれがその後の著作において、いっそう詳細に展開した思想の原型を形づくるものであった。かれは、つぎのようにいった。[1)]

「私有財産の廃止とともに、現在はこのような形態の見栄のなかに実現されている人間性の特徴は、論理的にいって必ず、それとは別個の、おそらくいっそう高尚で、いっそう社会的に役立つ活動のなかに実現されるに違いない。いずれにしても、人間性が、それよりも無益で、それよりも人間の努力に値いしないような方面の活動となってしまうということは、およそ考えられない。」

この論文は、ラフリン教授によって高く評価された。そして同教授は、その翌年、新設のシカゴ大学の経済学部長に就任したときに、ヴェブレンを、ティーチング・フェロウとしてシカゴに連れていった。その俸給は年五二〇ドルであった。このようにしてヴェブレンは、永い間、地中に埋もれていた蟬の幼虫のように、やっと太陽と青空を仰ぐことができたのである。

もともとシカゴ大学は、石油の独占資本家ジョン・ディー・ロックフェラー John D. Rockefeller の三〇〇万ドルの醵金によって設立された大学であった。それは、古くからあるシカゴ・バプティスト大学が基礎となっており、当時のアメリカの高等教育の一般的な特徴である神学的伝統にしたがっていた。だから、ハーパー学長以下の教授のなかには宗教的な色彩をもっていたものが少なくなかった。経済学のラフリン、同じくチェンバレン Thomas Chamberlain、社会学のスモール Albion Small、歴史学のホルスト Von Holst、政治学のジャドスン Harry P. Judson などがそうであった。しかし、初代学長のハーパー William R. Harper は、三十六歳の気鋭で有能な大学経営者であった。かれは、少なくとも最初のあいだは、その新興の大学に、全国各地からすぐれた新進の学者を集めることにひじょうな熱意をもっていたようにみえた。そして事実、シカゴ大学には、それぞれの学問分野のもっとも新らしい傾向を代表する多くの優秀な学者が集まってきた。[2)] 天文学者アルバート・マイケルスン Albert Michelson 生理学者ジャック・レープ Jacques Loeb、詩人ウイリアム・ムーディー William V. Moody、文学者オスカー・トリッグス Oscar L. Triggs、人類学者フレデリック・スタール Frederick Starr、哲学および心理学のウイリアム・コールドウェル William Caldwell、哲学者ジョン・デューイ John Dewey、社会学者フランツ・ボアス Franz Boas、社会心理学者ウイリアム・トーマス William Isaac Thomas などがそれであった。

ヴェブレンは、これらの諸学者から多くの学問的な刺戟や示唆をあたえられた。デューイやコールドウェルが唱えた「行動主義」(behaviorism) の哲学や心理学は、ヴェブレンが古典学派の受動心理学や快楽主義 (hedonism) から抜け出るのに大きな影響をあたえた。かれはまた「トロピズム」(衝動) の発見者として令名があった生物学者ジャック・レープからも多くのことを教えられた。かれが、ダーウィン以後の進化論的な学問だけを真の科学とみとめるようになったこともレープの影響によることが大きかった。その頃、ヴェブレンの友人の人類学者スタール教授はエルンスト・グロッセ Ernst Grosse の『芸術の起源』を英訳した。これは母系社会の文化が、掠奪的、軍事的、父系的な文化によってとって代わられる過程を明らかにしたものであったが、この著作などは、明らかにヴェブレンの文化人類学的なものの見方の源流となった。そのほか、もうひとりの友人ウイリアム・トーマスの「人類諸種族の比較心理学」「アニミズム」「女子の肢体的ならびに心理的発達史」などの業績や、フランツ・ボアスによるブリティッシ・コロンビアのクワキントル・インディアンの研究なども、すべてヴェブレンの学問の豊かな栄養素となった。

そのうえ、当時の新興工業都市シカゴは、アメリカにおけるあらゆる経済問題や社会問題の坩堝のようなところであった。そこには、マコーミック農機具会社やスタンダード石油会社のような大きな工場がどしどし建てられていた。それと同時に、シカゴには多くの移民や労働者が集まってきた。ことにシカゴ大学のある南シカゴはヨーロッパ移民の密住地となった。そしてシカゴはいわば社会問題や労働運動の中心地となった。一八九四年には、コクシー J. S. Coxcy の煽動による失業者集団のワシントン・デモや、ユージン・デブス Eugene Debs の指導によるプルマン会社の争議などが、いずれもシカゴを中心としておこっている。このようなヴェブレンをめぐる学問的雰囲気や社会的環境は、ますますかれを、経済学、社会学もしくは社会主義の研究に駆りたてたようにみえた。

シカゴ大学でのヴェブレンの仕事は、社会思想や社会主義にかんする講義をすることと、大学の機関雑誌である「政治経済学雑誌」（The Journal of Political Economy）の編集をやることが主なものであった。かれは、この雑誌に、さかんに論文、覚書、書評などをかいた。論文としては、「過剰生産の誤謬」（一八九二年）、「婦人の衣裳の経済理論」（一八九四年）、「なぜ経済学は進化論的科学でないか」（一八九八年）、「製作者本能と労働の嫌忌」（同年）、「所有権の端緒」（同年）などがその主なものであった。覚書や書評は社会主義にかんするものが多かった。たとえば、かれは、トーマス・カーカップ、カール・カウツキー、エミール・ルヴァスール、カール・マルクス、エンリコ・フェリ、アントニオ・ラブリオラ、マックス・ローレンツ、ジェイ・エイ・ホブスン、ウェルネル・ゾンバルトなどの書物の書評をかいた。『ヴェブレン提要』（*The Portable Veblen*, 1950）の著者マックス・ラーナー Max Lerner は、一八九〇年代のヴェブレンの思想形成について、「この一〇年間にかれが学術雑誌にかいた論文は、かれの主要な思想の大部分をふくんでいる。見栄、製作者本能、産業的職業と金銭的職業、私有財産制の起源、婦人の衣裳の経済学、形式主義の批判、伝統的経済学の「予備概念」の暴露、進化論的経済学の提唱などがそれである[3)]」とかいている。まったく、ヴェブレンの全思想体系の基礎は、すべてこの時期につくり上げられたといっても、けっしていいすぎではない。

しかしながら、シカゴにおけるヴェブレンの生活環境は、かれにとって有利なものばかりではなかった。そのひとつは、その頃、アメリカの財界や学界のなかに、保守と反動の気運がますます高まってきたことであった。シカゴ大学では、一八九五年、進歩的な立場に立つ経済学者のひとりであったエドワード・ベミス Edward W. Bemis 準教授が、プルマン争議にたいする鉄道会社側の態度を非難したというかどで、大学を追われるという出来事がおこった。これに関連して、ハーパー学長は、その年の七月、つぎのような声明をおこなった。「われわれは大衆への訴えを科学思想と間違えないように気をつけねばならない。教授がその二つを混同したばあいは、かれが去るべきときである、」と。同じ頃、ウィスコンシン大学でも、やはりプルマン争議に関連して、リチャード・イーリ教授が思想的圧迫をうけた。少しおくれて一八九九年には、シラキューズ大学のジョン・コモンズ John R. Commons が、やはり思想上の問題のために、同大学を辞任することを余儀なくされた。シカゴ大学で、いずれかといえば進歩と革新の側に立っていたヴェブレンの地位も、必ずしも安全ではないようにみえた。かれは一八九五年一一月、教え子のひとりであるハーディー嬢―後のグレゴリー夫人―にこうかいている。

「来年わたくしの再任命の機会がどういうことになるかは、まだわかりません。わたくしが、ベミスの前例にしたがって予算から削られることも、ありえないことではありません。それは来月きまります。」

そのときは結局なんでもなくて、かれは間もなく「インストラクター」に任ぜられた。しかし、それから三年後に、かれが慣例にしたがって昇給を要求すると、ハーパー学長は、かれの勤務状況については十分に評定するけれども、しかしかれがほかの大学に転任することは必ずしも反対しない、という態度を示した。そこでヴェブレンはいったん辞表をかいたが、ラフリンが尽力してくれたために、昇給が実現した。しかし、かれがやっと助教授になることができたのは、『有閑階級の理論』が出版された翌年の一九〇〇年のことで、かれがシカゴ大学にきてから八年もたってからのことであった。

このような状況は、ヴェブレンの学問研究の上にさまざまな影響をあたえた。かれが、その著作のなかにしばしば過度に難解で抽象的な言葉をつかったのも、ひとつには自己の非国教的な立場を、ひとびとの目からカムフラージするためであったと考えられる。かれは主としてシカゴ大学における体験を基礎として、大学のあり方を鋭く批判した書物『アメリカの高等学術』(*The Higher Learning in America*, 1918)をかいた。それは、一九〇五年、かれがまだシカゴ大学にいた頃に一応でき上っていたが、それが出版されたのは、一三年後の一九一八年のことであった。それも、大学当局の思惑を気にしてのことであったといわれる。

しかし、そのような環境のなかで、ヴェブレンはますますふかく、社会学、経済学、社会主義などの研究をすすめ、「有閑階級」批判のための学問的武器を蓄積した。そしてかれは、このような長い準備の後に、一八九九年二月、処女作『有閑階級の理論・制度の進化にかんするひとつの経済学的研究』(*The Theory of Leisure Class: An Economic Study in the Evolution of Institutions*, 1899.)を世に送り、それによって一躍、学界の脚光を浴びたのである。

1) Thorstein Veblen, *The Place of Science in Modern Civilisation*, 1919, p. 399.

2) シカゴ大学とヴェブレンとの関係については拙稿「ソースタイン・ヴェブレンとシカゴ大学」(「一橋論叢」第二十三巻四号、昭和二十五年四月)を参照されたい。

3) Max Lerner, *The Portable Veblen*, 1950, p. 5.

二　『有閑階級の理論』

衒示的消費

『有閑階級の理論』は、生産的職業にたずさわる勤労階級―いわゆる「製作者」階級（workmanship）の対立物としての非生産的有閑階級（leisure class）の発生、成長の過程と、その思考習慣ないしは生活様式の特色を、哲学、心理学、宗教学、社会学、文化人類学、歴史学、経済学などのいろいろ学問的教養を基礎として解明することを企てたものであった。そのばあいかれは、そのような現象を分析し説明する手段として、アニミズム、神人同形説、進化と退化、自然淘汰、適者生存、隔世遺伝と隔世復帰、未開時代と野蛮時代、平和段階と掠奪段階、長頭ブロンド型と短頭ブルネット型、衒示的消費ないしは閑暇、代行消費、製作本能と金銭的見栄といったような、きわめて広範で、かつ特異な概念を縦横に駆使した。そのような概念や用語は、各種の文化現象の分析と説明に、ヴェブレン独特の鋭さと深さをあたえることに役立ったけれども、またしばしば、かれの叙述や説明をいちじるしく難解かつ晦渋にしたことも事実であった。

元来、ヴェブレンのみるところによると、およそ人間の社会は、原始未開の段階から野蛮段階を経て文明の段階へと進化するのであるが、そのなかで有閑階級制度があらわれてきたのは、たとえば封建時代のヨーロッパや、同じく封建時代の日本のような野蛮文化(barbarian culture)の比較的高度の発展段階であったと考えられる。それ以前の原始未開の時代(savageous era)においては、完全な形の有閑階級はまだ生まれていなかった。アンダマン諸島、ニルギル高原などの狩猟民族、アイヌ、ブッシュマン、エスキモーなどの未開民族の文化は、なおいちじるしく平和愛好的、非掠奪的であって、ひとびとの生活はすべて生産的な製作本能(instinct of workmanship)によってみちびかれており、富の所有にもとづく社会階級のあいだの上下の区別(invidious discrimination)はみられなかった。ひとびとが他のものから区別されるのは、主として、その集団生活にたいするかれらの生産的な有用性(serviceability)によってであった。したがって、かれらのあいだの競争は主として勤労的な見栄(industrial emulation)によるものであって、金銭的な見栄(pecuniary emulation)によるものではなかった。もちろん古い未開社会においても、すでに主として農耕や織布にたずさわる女性と、戦争、狩猟、掠奪などをこととする男性とのあいだに、一種の社会的分業が発生していた。それは、その後における階級の分化、ないしは産業的職業と金銭的職業との分化を予告するものであった。しかし、そのような社会的分化は、なおきわめて萌芽的、端初的なものにすぎなかった。

ところが、その後、ポリネシアやアイスランドにいまなおみられるような初期野蛮時代の社会をへて、中世ヨーロッパや封建時代の日本のような高度野蛮社会にいたると、製作本能と、金銭的見栄との社会的分化がますますはっきりした形をとって発展する。それは、一方では、その集団の生活維持のために必要な肉体的労働をおこなうところの女性、奴隷およびその家族からなり立つ生産的下層階級と、他方では、生産的労働から「免除」されて、もっぱら政治、軍事、宗教、スポーツ、学問などに従事する上層階級との分裂という形をとってあらわれる。そして、この後のものがいわゆる「有閑階級」(leisure class)である。

このような社会発展の段階では、ある成員が他のものから区別されて社会的名声を博し、高い社会的地位に立つための手段は、もはや肉体的な力や頭脳的な狡智にもとづく産業上の効率や実用性ではない。それはむしろ「りっぱな攻撃的行動」と、その成果としての富の獲得や蓄積である。そこでは、生産的な賤労は不名誉の象徴となり、その代りに富の獲得と占有の上に月桂冠があたえられる。

「その共同体が、平和愛好的な野蛮段階から、略奪的な生活段階に移るとともに、見栄の条件が変わってくる。……男性の活動はますます功名の性格をおびる。そして、ある狩猟者なり戦士なりを、他のものと差別的に比較することが、ますます容易となり、いよいよ習慣的となる。武勇の目にみえる証拠——トロフィー——が、生活の装飾物の不可欠の特徴として、男性の思考習慣のなかに座を占める。戦利品、狩猟や襲撃のトロフィーが、衆にすぐれた力の証拠として賞与に与えられるようになる。侵略が賞讃すべき行動形態となり、戦利品がうまくいった侵略の明白な証拠として役立つ。……これと対照的に、奪取以外の方法による財貨の獲得は、男ざかりの男性にとって、不名誉なこととみなされるようになる。生産的な仕事の遂行や、対人的奉仕の職業は、同じような理由によって、同じような不評判をうけるようになる。このようにして、一方では奪取による功名や利得と、他方では生産的な職業とのあいだに、上下の差別がおこってくる。労働は、それに与えられる軽蔑のために、厭わしいものという性格をおびる。[1]」

有閑階級は、卑賤な生産的労働はすべて家臣や召使にまかせ、自分は「誉ある閑暇」(*otium cum dignitate*)を楽しむことが、むしろその社会的義務となる。食物はすべて専門の膳部役によって供せられるという儀式の形式を重んじたあまり、食物を自分の手で口に運ぶことをしなかったために、結局、飢えて死んだポリネシアのある酋長のばあいとか、主君の椅子を動かすことを職とする家臣がいなかったために、火焰の前にじっと座っていて、ひどい火傷を負ったあるフランスの国王のばあいなどが、その極端な例である。

また有閑階級は、社会の支配階級となるためには、普通以上の多額の私有財産を所有し、「金銭的見栄」をはることが必要となる。そのためには、単に富を所有するだけでは十分でない。かれは、その所有の事実を客観的に証明してみせねばならない。そこで、いっさいの生産的労働からの絶縁——閑暇——や、とくに人目につくようなはでばでしい消費——いわゆる衒示的消費(conspicuous consumption)——が要求せられ、そのために贅沢な飲食物、衣裳、建築、美術、庭園、愛玩動物、スポーツ、遊戯、かけ事、社交、学問などの「高い趣味」の涵養と享楽が、有閑階級の生活の象徴となる。

「半平和的な有閑紳士は、生活のために必要な最小限度以上の生活物資を消費するばかりでなく、またかれの消費は、消費する財貨の質にかんしてもひとつの特殊化をうける。かれは食物、飲料、麻酔物、住居、労務、装飾品、衣料、武器装具、娯楽、護符、および偶像もしくは神体などをふんだんに、またいちばんよいものを消費する。……これらのいっそうすぐれた財貨を消費することは、富の証拠であるから、それは尊敬されることとなる。その反対に、しかるべき量と質とを消費することができないということは、劣等と無力の烙印となる。[2]」

そのような社会では、富の浪費が社会的美徳となり、尊敬の的となる結果、しばしば不健全な逸脱や錯覚がおこってくる。

「泥酔その他、刺激物をふんだんに用いることの病的な結果が、それに耽溺する力をもつものの卓越した身分の第二次的な刻印として、しだいに尊敬の的となるという傾向がうまれる。飲みすぎてふらふらになることは、ある種のひとびとのあいだでは、おおっぴらに男らしい性格とみとめられる。そのような動機からおこる肉体のある種の病的な状態の名称が、「高貴」とか「良家」とかの同義語として、日常の言葉のなかにはいりこむということさえおこった。[3]」

「犯罪によって多額の富を手にいれた泥棒や詐欺漢は、こそ泥棒たちよりも、法律の厳罰をまぬかれる機会が多い。そして、かれの富が増大し、また不正な方法で入手した富を、もっともらしいやり方で費消するばあいには、そのひとにたいするある種の名声が生じる。ことに、かれの盗品を、身分が高いひとのように費消することは、洗練された礼節の感覚をもつひとびとにうったえる大きな効果をもち、かれらがその犯行をみるばあいの道徳的背徳の感覚を緩和するほどとなる。[4)]」

また、そのような消費のデモンストレーション効果を大きくするためには、その有閑紳士ひとりだけの消費では不十分なばあいがある。そのようなときには、大勢の客を饗宴にまねき、それらの賓客の助けをかりて、自分の富と消費能力とを誇示することがおこなわれる。そのばあい、賓客は、主人側のために、それに代って衒示的消費をおこなう代行消費者（vicarious consumers）となる。

「価値ある品物の衒示的消費は、有閑紳士にたいする世間的名声の手段である。富がかれの手中に蓄積すると、他のものの助けをかりないかれ自身の努力だけでは、このようなやり方で、かれの富裕を十分に証明することに役立たない。そこで貴重な贈物をおくったり、金のかかった饗宴や余興をやったりすることによって、友人や競争相手の助力をとり入れることがおこなわれている。……ポトラッチ〔贈物つきの宴会〕や舞踏会のような金のかかった饗応は、とくにこのような目的に役立つのに適している。接待の主人側が、それと比較してもらいたいとおもう競争相手は、このようなやり方によって、その目的にたいする手段として役立つようにさせられる。かれは、かれの招待主のために代わりとなって消費すると同時に、かれの招待主が、ひとりだけではどうしようもないほどの、ありあまったよき品物を消費することの証人となり、またかれの招待主がエティケットに練達していることの証人にも、させられるのである。[5]」

有閑階級の家庭で多くの僕婢、馬丁などがつかわれていることや、その夫人や娘が贅沢な消費をおこなうことも「代行消費」のばあいである。

保守主義と復古主義

このような、経済進化の掠奪的段階に固有な思考習慣や生活様式は、西欧の住民のあいだに永いあいだつづき、その結果それはひとつの牢固とした社会的な習慣ないしは制度として固定化するようになる。その後、社会進化が、そのような掠奪的段階——奴隷制、身分制度が支配していた段階——から、手工業が支配する平和的段階に移るとともに、獲得や所有の代りに、再び製作本能が力を発揮するようになる。ことに「誉ある閑暇」の伝統をもつことが少ない一般庶民のあいだに、そのような傾向がみられる。手工業制度が産業革命を経て機械制工業制度に発展するばあいにも、財貨の生産過程にかんするかぎり、つねにある程度の製作本能が作用する。しかしながら、現代の資本主義制度は、産業的制度と金銭的制度との複合から成り立っている。現代の経済制度のなかには、財貨の生産や製作にかんする産業的職業と、その所有や取得にかんする金銭的職業とが混在し、後者が前者に優越する。そのかぎりにおいて、現代の文化のなかには、生産労働を軽蔑し、衒示的閑暇を尊重する金銭的文化の伝統が依然としてつよく残存する。そのような思考習慣は、もともと略奪的野蛮文化以来の有閑階級の伝統であり、したがってそれは、つねにつよい保守主義もしくは復古主義の性格を帯びている。有閑階級は、いつでも保守主義者である。

「文化様式の変化にたいする階級〔有閑階級〕の反対は、本能的なものであって、主として物質的利益の利害の計算によるものではない。それは、既成のやり方なり、ものの見方なりからの乖離にたいする本能的な反撥――あらゆるひとに共通であって、状況の圧力によってはじめて克服される反撥――である。[6]」だから、有閑階級はしばしば、アングリカン教会の廃止、離婚の簡易化、婦人参政権、アルコール飲料の禁止、遺産相続の廃止または制限といったような、旧来の制度にたいするなんらかの革新や改革には、すべて反対する。

経済生活にかんしても、有閑階級はつねに保守的である。もともとかれらの経済過程にたいする関係は、生産の関係ではなくて収奪の関係であり、奉仕の関係ではなくて搾取の関係である。かれらは、産業構造に依存し、寄生することによって有閑生活をおくる。そのためにかれらは、当然に私有財産の保障、契約の履行、金銭取引の便宜、既得権などを保証するような立法や慣例をつくり、そして守ることに熱心となる。つまり、有閑階級による金銭的制度の構成と、その改善の直接の目的は、平和的で秩序ある搾取をますます容易たらしめることである。

またヴェブレンのみるところによると、有閑階級は単に保守主義者であるばかりでなく、さらにすすんで、しばしば復古主義者でもある。もともと資本主義社会の有閑階級は、野蛮時代の、財産と武勇とを基礎とする支配階級の系統に属するものである。現代の有閑階級文化のなかに、愛国主義、軍国主義などの形態をとって、古代の武勇の精神が残存し、またそのような古い思考習慣に復帰しようとする復古主義の傾向がみられることは、むしろ当然である。ヴェブレンの見解によると、ドイツの大学生のあいだにいまなお残っている決闘の風習とか、アメリカの大学において、しばしばみいだされる愛校心や大学スポーツなどは、すべて古代的武勇の現代における残存物であると考えられる。そして、かれのみるところによると、このような復古主義、ことに古代的武勇への隔世復帰という点で、有閑階級とならず者階級とのあいだに、多くの共通点がみいだされる。ならず者階級は、生産的勤労の蔑視という点でも、有閑階級に似ている。かれらは、多分に、みせかけの有閑階級という性格をもっている。

「世襲的有閑階級にたいして、ともかく習慣的な好戦的精神構造の名誉を争うことができる唯一の階級は、下層階級のならず者の精神構造である。[7]」

「意見の違いの万人向きの解決策として、いつでも一撃にうったえようとするのは、育ちのよい紳士と無頼漢だけである。[8]」

「肩をふって歩くならず者と、礼儀正しい有閑紳士を、普通の群衆から区別する特性は、ある程度停滞的な精神的発展の刻印である。[9]」

また、スポーツ、賭博、占いなどの「幸運を信ずる心」や、宗教的な敬神の念なども、有閑階級と、その擬似的形態であるならず者階級との両者に固有な精神形態である。古代の武勇の残存物としてのスポーツの精神は、しばしば幸運にたいするアニミズム的信仰をともなう賭博心理とむすびつく。それはまた、しだいに宗教的献身の精神へと移ってゆく。スポーツマンはしばしば、マスコットや護符などのなかに宿っていると考えられるある種の超自然的な力を信ずる。これらの点で、有閑紳士とならず者階級とのあいだには、多くの共通性がある。

「この二つの類型の気質の類似は、さらにスポーツや賭けごとにたいする好みや、慢然とした見栄の趣味のなかにも示されている。理想的な金銭的人物はまた、掠奪的人間性に付随する変種のひとつであるつぎの点でも、ならず者と不思議な類似を示している。ならず者は、きわめて多くのばあい、迷信的な思考習慣をもっている。かれらは、幸運、呪言、神や運命にたいする、また縁起や邪教的儀式にたいするひじょうな信仰家である。……この点で、ならず者の気質は、産業的な人物や、腑甲斐ない居候者の連中よりも、むしろ金銭的な有閑階級といっそう多くの共通点がある[10]。」

宗教と学問

僧侶は多くのばあい、有閑的支配階級の僕婢である。宗教上の儀式や、その附属物はすべて衒示的消費の部類に属する。僧侶は典型的な代行消費者であって、生産的労働にしたがわないことが原則である。

有閑社会の学問も、その起源において、宗教的敬神の機能と密接に関連している。学問はもともと、魔術的儀式やシャマニズム的な詐術を母胎として発達したものである。それは、僧侶の代行的閑暇の副産物としてはじまった。ルーター、メランヒトンなどの碩学は、いずれも同時に魔術の巨匠でもあった。学帽、ガウン、入学試験、始業式、学位授与などの行事はすべて宗教上の儀式と同じ起源のものである。スコラ哲学と古典主義の開花としての高等学術は、僧職と有閑階級との所産である。アメリカの中西部の大学の形式化、復古主義、男子はイヴニングをき、女子はデコルテを用いる社交の発達などは、その地域における富の蓄積の増加に比例しておこった。有閑階級の学府としての大学では、もっぱら古典と一般教養《ヒューマニ》科目《ティーズ》が尊重される。そして、現象の因果系列の認識を基礎とする真の意味の近代科学は、むしろ大学の外部の、産業過程そのもののなかに発達した。その後、社会進化の過程において、大学教科の変化がおこり、一般教養科目の代りに、市民的産業的効率の増進に役立つような事実的知識をおきかえようとする傾向もおこったが、しかし、これにたいして大学の側は、どちらかといえば保守的であり、消極的であった。アメリカの大学が永いあいだ女子にたいして閉鎖的であったことも、女子はもともと勤労的生産階層であって、有閑階級の専有物である高等学術を学ぶ必要がない、という考え方によるものであった、とヴェブレンはいう。

以上が『有閑階級の理論』のごくおおまかな概要であるが、これによっても、本書は、有閑階級の社会的本質の解明を中心としながら、実はひろく資本主義文化の諸様相を全面的に究明し、批判しようとしたものであったことが知られるであろう。ヴェブレンはその後、すでに本書のなかに明確にうち出されている二元論――平和段階と掠奪段階、製作本能と金銭的見栄、生産的賤労階級と有閑階級、産業と企業といったような二元論――を基礎として、いっそうすすんだ資本主義批判を展開したのであるが、そのようなかれの全思想体系はすべて萌芽の形で、この書物のなかにふくまれていたと言ってもいいすぎでない。[11] 本書につづいてかかれた『営利企業の理論』(*The Theory of Business Enterprise*, 1904) は、本書第八章「労働免除と保守主義」の思想をいっそう発展させたものであったし、一九一四年にかかれた『製作本能論』(*The Instinct of Workmanship and the State of the Industrial Arts*, 1914.) は、本書の緒論の部分の延長であった。また、一九一八年に世に出された『アメリカの高等学術』(*The Higher Learning in America*, 1918) の中心思想は、すでに本書の「金銭的文化の発現としての高等学術」という章(第十四章)のなかに萌芽的な形でふくまれていた。

この書物の出版は、アメリカの学界に大きなセンセイションをひきおこしたようにみえた。それは、常識哲学者たちが、進化論の登場を迎えたときの有様に似ていた。最初のあいだは、この書物の世評はけっしてよくなかった。

ダートマスのコーリン・ウエルズ D. Collin Wells 教授は「イエール評論」の書評のなかで、ディレッタントによってかかれたこのような書物は、社会学を「慎重で科学的な思想家のあいだで信用を墜させる」ものであるといった。経済学にかんするわずかばかりの論議は

「考えが間違っていて、よろしくない。」野蛮人と現代社会の金持とを、「有閑階級」というひとつの言葉のもとに分類することは不法である。本書は「しばしば革命的で、人目を驚かすような教壇外的（*ex-cathedra*）な命題でみたされている。」権威ある文献がひとつも引用されていない。それは「事実無根なことの蒐集」という点で類例がない。「もっともよろしくないのは、金銭的経済制度と産業的制度との区別である。……その頂点となるのは、理想的な金銭的人間と、理想的なならず者、すなわち犯罪者との比較である。ことに敬神の点での比較である。」ヴェブレンの英語のつかい方——「無駄な、古くさい、厄介な」など——は、かれ自身の衒示的浪費の規準を満足させるだけである。ウエルズはこのようにいった。

ヴェブレンのかつての同僚であり、当時はハーヴァードにいたジョン・カミングス John Cummings も「政治経済学雑誌」の九月号に、この書物の書評をかいたが、それもまたヴェブレンの考え方に真向うから反対したものであった。カミングスはいった。産業的職業と金銭的職業との基本的区別や、資本家による富の獲得は略奪的であるというヴェブレンの考え方は「明らかに事実に反する。」産業の将帥の所得が高いのは、社会がかれの労務を必要とし、それに値いするだけを払っているという「明白な事実」によるものである。産業的、金融的な大資本家が年に二五、〇〇〇ドルもうけ、土掘り人夫が一日一・五ドル稼ぐのは、社会がそれだけの報酬を払うからである、と。

実際、ヴェブレンの書物は当時の保守的な学界にとっては大きな衝撃であったようである。エドワード・ロス Edward A. Ross は「アメリカ社会学雑誌」におけるこの書物の書評を依頼して、レスター・ウォード Lester F. Ward に宛てた手紙の中でこういっている。

「いかにそれ〔ヴェブレンの書物〕は、東部の鳩小屋をおどろかしたことか。わたくしがいままでにみた書評はすべてショックをうけ、怒っています。明らかに、かれらの屋敷内の神々が、この偶像破壊者によって攻撃されたのです。」[12)]

しかし、そのウォードは、一九〇〇年五月の「アメリカ社会学雑誌」のなかで、十分に好意のある書評をかいた。「この書物は、簡潔な表現、するどい反措定、一風変ってはいるが楽しくなるような文句などに富んでいる。それらのものは皮肉であり、諷刺であると解釈された。しかし、……これは、批判者それ自身の著作である。」「文体は、できるだけ主張や毒舌にならぬように注意されている。用語は、著者自身の言葉をつかえば、「道義的に無色」なものである。」批評家がヴェブレンは現存の制度を攻撃しているといっていることは、根拠がない、と。

当時の一流の評論家であったウイリアム・ハウエルズ William Dean Howells も「文芸」誌で、ヴェブレンの書物をほめた。「著者は、感情を殺した冷静さで探究をやっている。そこには有閑階級に味方したり、反対したりする気持はまったくない。単に、それはなんであり、いかにして、またなにゆえにそうなっているかを見出すことが、かれの問題である。もしも、その結果が、読者に、著者が示さなかったような感情を残したとするならば、それはまったく事実の影響であるようにおもわれる。」かれは、そうかいた。

ヴェブレンは、この書物によって、はなばなしく学界にデビューした形となった。ことに、「衒示的消費」、「衒示的浪費」、「代行閑暇」、「金銭的見栄」といったようなヴェブレン独特の警抜な用語は、たちまち一種の古典のようなものになった。それは、一夜のうちに、大学のキャンパスの言葉を変えてしまい、ヴェブレンを読んだひとは、その話をきけば、すぐ判るといわれた。

ヴェブレンは、シカゴ大学で、それまではずっと「チューター」であったが、この書物が出た翌年に、はじめて助教授になることができた。

1) Thorstein Veblen, *The Theory of Leisure Class: An Economic Study in the Evolution of Institutions*, 1899. 小原敬士訳『有閑階級の理論』昭和三十六年五月、岩波文庫、二三ページ。（以下引用は本書による。）
2) 前掲書、七五ページ。
3) 前掲書、七二ページ。
4) 前掲書、一一五ページ。
5) 前掲書、七六―七七ページ。
6) 前掲書、一九一ページ。
7) 前掲書、二三三ページ。
8) 前掲書、二三五ページ。
9) 前掲書、二三八ページ。
10) 前掲書、二二五ページ。
11) ジョン・チェンバレン John Chamberlain も「実際、ヴェブレンのあらゆるものは、かれの最初の二冊の書物のなかにある。かれはその後、『技術者と価格体制』、『特権階級と庶民』その他、互いに関連した題目についてかくこととなった。……しかし、ヴェブレンの肉は、一九〇四年には、すでにテーブルにのっていた。」という。（*The Marxian Quarterly*, July 1933, p. 333.）
12) Joseph Dorfman, *Thorstein Veblen and His America*, 1934, p. 194.

第四章　資本主義分析

一　『営利企業の理論』

その頃のアメリカでは、独占資本主義がますます大きな姿に成長しようとしていた。鉄鋼生産高は一八九九—一九〇九年の期間に二倍半に増大した。企業集中もますます急速に発展した。一九〇一年には、モルガン財閥の仲介によって一〇億ドルの巨大企業・ユーエス製鋼が成立した。一九〇四年には、ほとんど五、三〇〇に上る個別工場の合併によって三一八の工業トラストが成立した。これらのトラストの七〇億ドルの総資本のうちの三分の一は、七つの大トラストによって支配されていた。アメリカの全工業生産能力の五分の二はトラストの手中に握られていた。アメリカでは、一八九〇年にシャーマン独占禁止法が制定されていたけれども、それは、独占企業の発展を抑制するには、あまり効果的ではなかった。また、学界やジャーナリズムでも、リチャード・イーリ、ジョン・ベイツ・クラーク、ヘンリー・

ロイド、アイダ・ターベルなどの経済学者やジャーナリストが、さかんに独占企業にたいするマクレイキング（独占暴露）活動をおこなったが、それもまた現実の独占資本の運動を阻止するには有効でなかった。このようなものが、一九世紀末から二〇世紀初期にかけてのアメリカ経済界の新しい様相であった。

『有閑階級の理論』を著わした後のヴェブレンは、このような現実の経済社会の発展を前にして、現代の有閑階級社会の中心点としての営利企業、ことに大きな市場独占力をもつ巨大企業をめぐる経済問題に、その学問的探求の焦点を集中させていったようにみえた。

一九〇二年度のシカゴ大学におけるかれの講義の題目は「国家と産業組織との関係」というものであったが、その内容は結局、トラスト論であった。かれはまた、一九〇〇年から一九〇四年までのあいだに、主としてシカゴ大学の「政治経済学雑誌」に多くの論文や書評をかいたが、それらのものは、ほとんどすべて近代企業やトラストにかんするものであって、それによっても当時のヴェブレンの学問的関心がどこにあったかがわかる。その頃のかれの学問的業績は、例えばつぎのようなものをふくんでいた。

一九〇〇年

Basil A. Bauroff, *The Impending Crisis; Conditions Resulting from the Concentration of Wealth in the United States.* の書評（*Journal of Political Economy*, Dec.）

"Industrial and Pecuniary Employments,"（*Publications of the American Economic Association*, Series 3, 1901.）

一九〇一年

"Science and the Workingmen," Ferdinand Lassalle, *Die Wissenschaft und die Arbeiter.* のほん訳（*The German Classics*, 1904.）

一九〇二年

"Arts and Crafts,"（*Journal of Political Economy*, Dec.）

Jules Gernaerts et Vte de Herbais de Thun, *Associations industrielles et Commerciales Fédérations-Ententes partielles-Syndicats-Cartels-Comptoirs-Affiliations-Trusts.* の書評（*Journal of Political Economy*, Dec.）

一九〇三年

"The Use of Loan Credit in Modern Business,"（*Decennial Publications of the

University of Chicago, Series 1, No. 4.)

Werner Sombart, *Der moderne Kapitalismus.* の書評（*Journal of Political Economy*, March.)

Theodore E. Burton, *Financial Crises and Periods of Industrial and Commercial Depression.* の書評（*Journal of Political Economy*, March.)

S. Tschierschky, *Kartell und Trust: Vergleichende Untersuchungen über den Wesen und Bedeutung.* の書評（*Journal of Political Economy*, Sept.)

一九〇四年

"An Early Experiment in Trusts,"（*Journal of Political Economy*, March.)

これによっても判るように、その頃、ヴェブレンの関心の的となっていた問題は、資本、貸付信用、企業結合、独占、景気循環といったような資本主義体制の固有の経済問題であった。そして、このような研究と思索のなかから、かれの第二冊目の著作があらわれてきた。

ヴェブレンがその門下のひとりのミッチェル Wesley C. Mitchell に告げたところによると、この新しい著作は、最初は『産業将帥論』（*The Captains of Industry: A Romance.*）という表題となるはずであったが、その後、それは『営利企業の理論』と改められた。ヴェブレンは、一九〇三年六月二十七日、かつての教え子のひとりであるグレゴリー夫人に宛ててこうかいている。

「このパンフレット〔「近代企業における貸付信用の効用」〕は、近刊予定の書物の一節です。その書物は今週、出版社をさがしにゆきました。……その表題は『営利企業の理論』です。」

この書物――『営利企業の理論』（*The Theory of Business Enterprise*, 1904）――は、その翌年にニューヨークのチャールズ・スクリブナース・サンズ社から出版せられ、ますます経済学者としてのヴェブレンの名声を高める機縁となった。

この書物は、いわばヴェブレンの「資本論」であった。われわれは、この書物と、その後にかかれた二、三の書物や論文によって、近代資本主義の特質と構造と、その運動法則についてのヴェブレンの、きわめて個性的な見解を知ることができる。その他の業績というのは、『特権階級と庶民』（*The Vested Interests and the Common Man*, 1920.）『不在所有者制』（*Absentee Ownership and Business Enterprise in Recent Times: the Case of America*,

1923.）などの書物と、「信用と物価」（一九〇五年）、「資本の性質について」（一九〇八年）、「フイッシャーの資本と所得論」（同年）などの論文である。

資本主義の本質

近代資本主義の本質にかんするヴェブレンの見解は、かれの基本的二元論を基礎として、それを、「産業」と「企業」との二重構造として理解しようとする立場であった。したがって、それは、近代資本主義の特質を、産業資本による剰余価値造出機構としてとらえようとしたカール・マルクスもしくはマックス・ウェーバーの立場とはかなり根本的にちがっており、むしろ、それを、営利主義と経済的合理主義との二元論的視点からみようとしたウエルネル・ゾンバルトの立場に近かった。それは、この書物の第一章「序説」の一節をみれば明らかである。

「近代文明の物質的外枠は産業体制であり、そしてこの外枠に生気をあたえる指導力は営利企業である。近代キリスト教社会は、他のいかなる社会形態にもまして、その経済組織に似た顔つきをしている。この近代的経済組織がいわゆる「資本主義体制」もしくは

「近代的産業体制」である。その特徴的な様相と、同時にその体制がそれによって近代文化を支配する力とは、機械過程および利潤のための投資である。

近代産業の規模と方法は、機械によってあたえられる。……近代の産業社会は、明白な機械装置や過程の助力なしには、前にすすむことができない。機械制産業が……支配的地位に立っている。それが残余の産業体制の歩調を定める。この意味で現代は機械過程の時代である。……

同じような意味において現代は営利企業の時代である。必ずしもすべての産業活動が利潤のための投資の準則によっておこなわれているとはかぎらないが、産業諸力の十分に多くのものが、そのような基礎のうえに組織されている。……創意を発揮し、産業上の事柄において広範な強制的指導力を行使するような産業界の要素は、投資によって利潤をえようとする意図をもって仕事をはじめ、また営利の原理や要求にみちびかれる。企業者、ことに広範で権威ある決定力をもつ企業者が、産業の支配力となったのである。それは、そのようなひとが、投資や市場の機構を通じて工場や工程を支配し、これらの工場や工程が残余のものの歩調を定め、そして運動の方向を決定するからである。……大きな企業者は、社会がそのもとに生きる生活の必要条件を支配する。だから、かれとその資産の上に、文明人類の永続的な利害が集中するのである。[1]」

ヴェブレンのみるところによると、近代資本主義制度は、機械制産業と営利企業との二重構造をもっている。このばあい、「産業」は、財貨生産を通じて真の人間的必要に奉仕するものであるが、「企業」は、貨幣的自己向上のための企業者の考案である。近代社会では、生産手段としての機械が出現し、それが人間労働と近代技術との緊密な統一を要求する。そこでは効率ということが産業の動機となるべきである。ところが現実の社会では、営利企業がすべてを支配する。そこでは、産業過程の操作は、すべて利潤投資の原理によってうごく企業の手中に握られる。産業はもはやたんなる製作本能や効果性の原理によって運営されるのではなく、まったく貨幣的原理によってみちびかれる。

それでは、このような産業と企業の分離、後者による前者の支配は、いったい、いつ頃から、またいかにして発生したか。

それは、産業革命によって機械制産業が確立された以後のことであると考えられる。生産の機械過程が十分に発達せずに、生産様式が手工業もしくは家内工業であったような時代には、企業者が同時に産業設備の所有者であった。かれは企業の金銭取引を管理するとともに、生産の機械過程をも直接に管理していた。そこでは、素朴な生産上の効率ということが、企業の成功の主要な要素であった。その時代には、手工業でも商業でも、企業は主として、投資にたいする利潤をえようとする意図によってではなく、むしろ生計を立てようとする意図――ゾンバルトのいわゆる「衣食主義」――によって経営されていた。

ところが産業革命を経て機械制産業が確立され、産業過程や市場の近代的連鎖関係が発展するとともに、企業経営はますます多様かつ大規模となり、またますます抜目のない市場操作にさらされるようになる。このようにして、単なる産業的な効率とは別に、企業関係による収益や損失の機会が多くなるとともに、企業の金銭的側面にたえず注意することが、ますます必要となってくる。同じ状況が、営利企業の精神をよびおこし、また利潤を目的とする組織的投資を生み出す。そうなると企業者の主な関心は、一定の産業過程の古い形の管理や規制から、いっそう有利な仕事にたいする機敏な投資の再分配へとうつってゆく。また、抜目のない投資なり、他の事業者との企業結合なりによる事業機会の戦略的支配が、かれらの主な関心事となる。

ヴェブレンは、産業と企業、生産的効率と金銭的利潤との二元性を重要視すると同時に、企業者の社会的機能や性格にも二つのものがあると考えている。そのひとつは、古い形の産業の指導者たる「産業将帥」（captains of industry）であり、もうひとつは新しい形の企業の指導者としての「企業将帥」（captains of business）、「特権階級」（vested interests）もしくは「不在所有者」（absentee owners）である。この二つの類型の指導者は、まったく異った社会的機能をいとなむ。前のものは、人類の経済的福祉にとって有益な物的財貨の生産をつかさどるが、後のものは、単に金銭的利潤の獲得を目的として産業を指導し管理するにすぎない。そして、現実的には、後者の方がずっと重要であり、卓越的であるけれども、ヴェブレンは、前者の社会的意義をいっそう高く評価していた。それは、かれのつぎのような言葉によっても明らかである。

「かれ〔企業者〕にとっての生産の重点は、その生産物の販売可能性、その貨幣価値との交換性であって、人類の必要にたいするその有用性ではない。生産物は販売される以上、なんらかの目的にたいする多少の有用性をもつことが必要である。しかし、最高の有用性が、その企業者にたいして貨幣を基準としての最大の利得をもたらすとはかぎらないし、またその生産物がつねに、いつわりの有用性以外のものを必要とするともかぎらない。[2)]」

同じような考え方は、『特権階級と庶民』（一九一九年）のなかに、いっそうはっきりといいあらわされている。

「社会の物質的福祉は、このような産業体制の正しい運営とむすびついており、そして、その体制は、それによってその体制が管理される専門的知識、洞察および公平な判断力に依存している。したがって、その管理を金融の将師にゆだねるよりも、産業の技術者にゆだねる方が、いっそう適当であるようにおもわれる。後者は生産上の効率をつかさどらねばならないが、前者は市場の駆引に当るものであるからである。ところが、このような高度に技術的な産業体制にかんするすべてのものにたいする決定的な支配は、歴史の必然によって、市場の駆引にとくに巧妙なもの、すなわち金融的な詐術の名人にゆだねられるようになる。[3)]」

資本と資本化

ヴェブレンのばあいには、このような産業と企業、産業の将師と企業もしくは金融の将師との二元的性質に対応して、「資本」もまたつぎのような二つの性質において考えられる。従来の「貨幣経済」時代（クニース）における資本の概念は、物的生産手段、もしくは有形資産として考えられていた。このような資本観念は、スミス以前の重農主義の時代からスミスの時代を経て比較的最近の功利主義時代に至るまで、ほぼ一貫して抱懐されていた観念であった。ところが、信用経済時代である現代の企業用語としての資本はむしろ「貨幣価値の資金」という観念である。現代の株式会社制度のもとでは、資本は一定の具体的な有形財ではなくて、むしろ、ひとつの継続的な活動体としての株式会社の将来の予想収益力を資本化（capitalisation）したものである。このばあい、資本化の核心は、その会社の生産設備もしくは、その生産費ではなくて、むしろその会社がもっているのれんであると考えられる、のれんとは、ある会社の確立された慣行的業務関係、正直な取引の世評、営業権、特許権、商標、銘柄、版権、秘密などによって守られた特殊の生産工程の独占的な使用、特定の原料の排他的な支配などにもとづく予想収益力を意味する。このようなのれんは、社会全体にたいしては、なんらの実質的利益をもたらすものではないが、しかし、その所有者にとっては、ほかのものにはないような格差利益をもたらす。このような格差利益が、その資本化の基礎となる。近代株式会社のばあいには、その資本のうちの有形資産は優先株によって代表され、無形資産は普通株によって代表される。このばあい、優先株の所有は広く分散されるために、その株主は、その会社の経営にたいして大きな発言権をもっていない。そのことは、優先株によって代表される物的資産の支配権が、その会社の普通株の大株主の手に移ることを意味する。かくして、その会社の資本の支配権は、結局、その会社ののれんを代表するものと考えられる普通株の所有者に属する。この意味で、近代株式会社の資本化の中心は、普通株によって代表される非物質的な無形資産であると考えられる。

　このようなのれんその他の無形資産の資本化は、ややもすれば、企業資本の過大資本化(overcapitalisation)にみちびきやすい。むしろヴェブレンは、「現代の状況のもとにおいては、普通株はすべて「水増し」とならないわけにはゆかない[4]。」という。なかでも企業の再編成のばあいとか、企業合同のばあいなどには、このような「過大資本化」がもっとも典型的な形でおこなわれる。そのようなばあいには、資金調達、せり売り、買収、賃貸、株式や社債の発行といったような信用操作が、高度の能力をもつ金融仲介業者——いわゆる「金融の将帥」——の戦略的活動によっておこなわれるのが普通である。かれらの仕事は、生産過程の指導とは無関係なものであり、したがってそれは明らかに産業的なものではない。またそれは、継続的な投資をともなわないという点で普通の商業金融的業務ともちがっているし、また、時間の経過にたよらないという点で、投機とも別のものである。つまり、これらの金融仲介業に帰属する利得は、単位時間当りの利潤の性質をもつものでもないし、貸付利子ともちがう。投機的利得でもない。それは、むしろ新たに組織された企業の資本にたいする分前の形であたえられる特別報酬であるばあいが多い。この点から、企業合同のばあいには、ややもすれば過大資本化がおこなわれる危険が生ずる。

そのばあいには、適当に評価された被合併会社ののれんが、新会社の普通株によって代表される資本の一部を形づくる。合同会社の名目資本は、このような普通株と、債務証券の性質を有する優先株との両方によって代表され、それが株主、発起者および金融仲介者に帰属する分前となる。

「それゆえに、現代の産業将帥が、一連の産業会社を再編成し、合同し、それに新会社としての集合的な形態と名称をあたえるばあいには、その操作は……信用の使用を通じて企業資本を累積的に増大させるあらゆる複雑な過程を、圧縮した形で、またいうに足りないほどの時間的経過で、示している。[5]」

価格体制と景気循環

ヴェブレンの立場においては、近代資本主義の精髄は結局、「価格体制」(price system)である。資本主義以前の社会では、社会の物質的生産力がその社会の需要を十分にみたすかどうかが問題であったが、資本主義の社会においては利潤が十分にえられるかどうかが問題である。前の時代には、一般福祉は財貨の生産に依存していたが、現在ではそれは価格に依存する。手工業と小商売の制度のもとでは、高い物価は貧困と飢餓を意味していたが、新しい制度のもとでは低い物価が貧困と欠乏を意味する。

好況と不況の景気循環は資本主義制度に固有なものであるが、それは結局、価格制度の所産である。「景気循環」(business cycles)は文字通り「企業の周期」(business cycles)である。

「恐慌、不況、難局、沈滞期、活況期、投機昂進期、「繁栄期」などは、主として企業の現象である。それらのものは、その起源においても、主な発現においても、物価の低落か騰貴か、いずれにしても物価変動の現象である。これらの事柄がその社会の産業過程なり、生活手段なりに影響するのは、第二次的にであり、事業取引の媒介によってはじめてそうなるのである。[6]」

いままでは、景気循環の問題に接近するばあいには、営利企業の側——すなわち物価、収益、資本などの側——からではなく、むしろ産業の側——すなわち生産と消費の側——から問題をみるのが普通であった。しかし、それは「自然経済」を出発点とするものであって、「貨幣経済」から出発したものではなかった。好況と不況の循環は、企業の現象——物価や資本の現象である。景気循環の三つの局面——不況、好況および恐慌——のうち、もっともよくひとびとの注意をひくのは物価下落や企業破産をともなう最後のものであるが、しかし、それもまた企業の現象であって、産業の現象ではない。それは、有形財産の破壊や、富の物質的部分の浪費をともなうものではない。それによって社会は、市場価値の点では貧困となるけれども、物的生活手段の点では必ずしも貧困化しない、それは金銭的収縮であって、物質的収縮ではない。

それでは、景気循環、ことに恐慌の発生はいかにしておこるか。ヴェブレンの見解によると、それは、繁栄期における物価騰貴と信用拡張の循環ないしは累積過程の結果としておこる。まず最初に、産業のある部門に需要増加がおこり、生産物の価格が騰貴する。すると、事業の予想収益が高まり、そのことがその事業ののれんや担保物件の価値を高め、それにもとづく企業の再資本化を容易にする。物価騰貴、信用拡張、資本化の過程は互いに因果的連鎖をつくって循環的、累積的に進行する。これが、繁栄状態が発生し発展する過程である。しかしながら、そのような過程において、一般的な物価騰貴の波及の結果として、間もなく、生産物の必要生産費が、その予想販売価格に追いつくという事態がおこってくる。すると繁栄の基礎となっていた生産費と販売価格との格差利益がなくなり、企業の収益力が低下する。そうなると、高い予想収益力にもとづいて算定された資本化額は、実現された収益力に照らしてみて、高すぎることがわかってくる。担保物件の価値も縮小し、それはもはや現存の契約や貸付を支える力をもたなくなる。このときに、債務の不履行がおこれば、それはたちまち経済界の隅々にまで波及する。かくして清算過程がはじまる。ヴェブレンは、このようにして、景気循環と恐慌の到来は、貸付信用とインフレーションに依存する営利企業体制の必然的な附随物と考えるのである。

かれは、一九世紀七〇年代以後のアメリカにおいて、不況が通則となったことを指摘して次のようにいう。

「この最近の期間には、長期的不況が、ますます終始一貫して、企業の、例外というよりもむしろ通則となった。この時期の好況期、「普通の繁栄期」は、かなり一様に、産業的な企業自体の過程にたいして外生的な特殊の原因にさかのぼることができる。あるばあい、つまり九〇年代の初期には、不況を止揚し、事業界に繁栄をもたらしたものは、特別の収穫状況であったようにおもわれる。そして、いま（一九〇四年）やあきらかに終りに近づいているもっともいちじるしい投機的インフレーションのばあいには、その原因は、戦争にともなう軍需品、武器弾薬、労務にたいする支出とむすびついた米西戦争であった。もしも、現在の繁栄がそれによって推進されている外部的刺激が十分な歩調でつづくならば、繁栄期はさらに先へのびるかもしれない。それでなければ、多かれ少なかれ急激かつ広汎な清算以外の結果を期待することは、理由がないようにおもわれる。[7]」

「したがって、自由競争が阻止されることなく、また救いの神があらわれないかぎり、完全な機械体制のもとでの産業状態にとっては、不況が正常である。[8]」

景気対策

しかしながら、資本主義体制は、適当な利潤がひきつづいて欠如している状態に耐えることはできない。そこで、不況がつづけば、それにたいする対策が講ぜられることは当然であるが、その対策はつぎのような二つの方向に求められる。その(一)は、財貨の不生産的消費であり、(二)は、利潤を「適当な」水準以下にひき下げておくような過当競争を排除することである。

恐慌対策としての不生産的消費の形態には、さらに私的消費と公的消費との二つの形態があるが、ヴェブレンが、このうち、とくに後のものの意義を高く評価してつぎのようにいっていることは、注目に値いする。それは、今世紀三〇年代以後にあらわれた「公共投資」理論の先駆者となっているからである。

「私的な浪費はもちろん大きい。しかし、……この点にたいして、さらにいっそう多くのことが、効果的な浪費の形で、文明国の政府によっておこなわれうるし、また事実、おこなわれている。軍備、公共建築、宮廷や外交上の施設などは、現在の問題にかんするかぎり、ほとんどまったく、無駄なものである。それらのものはつぎのような附加的な利益をもつ。それは、このような無駄を代表する公債は、私的貯蓄にたいする魅力ある投資証券として役立つものであり、またそれと同時に、このように投資された貯蓄は、全体としてみるならば、まったく擬制的な貯蓄であって、したがって利潤や物価をひき下げるように作用するものではない、ということである。[9]」

第二に、不況と価格低下を救済する手段として、企業合同、独占その他の方法による過当競争の排除が大きな意味をもつことは疑いの余地がない。「このような苦しい不況を決定的に排除することができるのは、独占の立場に立つばあいだけである。」独占は、生産の制限や「管理価格」の設定によって、不況にたいする有力なてことなるのであるが、この点についてもヴェブレンはすでに的確な認識をもっていた。

「いかなる方法によるにしても、ひとたびそれ〈過当競争の排除〉がおこなわれると、競争によって可変的な価格による財貨や労務の販売は、「とれるだけとる」ということを基準として定められた価格による集団販売（「団体協約」）によってとって代わられる。[10]」

ヴェブレンは前に、貸付信用やのれんの資本化に関連して、企業合同が発生し、金融資本家が莫大な発起利得を獲得する過程を究明したのであるが、ここでは、景気循環が必然的に独占と集中を促進する状況を解明しているのである。

近代国家の本質

最後に、資本主義体制と政治もしくは国家との関係が問題となる。

ヴェブレンはもともと、近代国家の本質を、野蛮時代に起源をもち、絶対主義的君主制の系譜に属するものとみている、そして、資本主義体制下の国家は、つぎのような二つの基本的様相をもつものと考えられる。

㈠　一方ではヴェブレンは、国家をもって、現在の社会秩序の保証であって、したがって、その第一の任務は、私有財産権を保護することである、という。それは、政府は有産的支配階級の手に握られており、かれらは、自己の利益をまもり、また促進するために、自由にそのような権能を行使することができる、ということを意味する。

㈡　西欧やアメリカの民主主義政体は、けっしてそのような事態と矛盾しない。むしろ、それは「企業」的支配体制の不可欠な要具でさえある。「立憲的政府は企業の政府である。」

「代議政体は主として企業の利益の代表であることを意味する。その政府は、きわめて一貫した単一の目的をもって、企業者の利益のために働くのが普通である。」――ヴェブレンはそのようにいう。

しかしながら、もしも民主主義政体がヴェブレンのいうように企業者の政府であるとするならば、それは、なぜ、重商主義的君主政体にとって代る必要があったか。いったいなぜ、「市民革命」は必要であったか。ヴェブレンは、この点を「国民的統合性」(national integrity)もしくは「ナショナリズム」(nationalism)の概念によって説明する。

もともと国民的統合性ないしは、ナショナリズムは、野蛮民族の種族的連帯感から発するもっとも古く、また根ぶかい人間感情であるが、しかし、それは、近代の機械文明の段階においても、少しも減退していない。そしてそれはいまや、特権階級が下層の民衆を支配するための道具として役立っている、とヴェブレンはいう。つまり、ナショナリズムは、つぎのような二つの仕方で、資本主義体制に役立つ。

まず第一に、ナショナリズムの感情は、特権階級の利害と、民衆の一般的福祉とを観念的に混同させるような作用をいとなむ。

「民衆は、このような種族的幻想の幸福なからくりによって、自分たちは、同じ『共和国』の住民である企業者に帰属する利得にたいして、ある種の形而上学的な分前をもっているという感じをいだくようにさせられる。だから、その国境内に住所をもっている企業者の商業的利得を増進させるような政策は、すべて、残余の全人民に利益をもたらすものであるとおもわれる。[11]」

第二に、特権階級は、ナショナリズムを背景とする積極的な対外政策をとることによって、いっそうナショナリズム感情を高揚させ、それを通じて民衆のあいだに、特権階級の支配に好都合な精神状態をつくり出すことができる。

「営利主義がその上に支配しているもっとも大きく、またもっとも有望な文化的訓練の要因――偶像破壊妄想の矯正法としてきわめて有望な要因――は、国家政策である。……営利企業の利害は、積極的な国家政策を要求するのであり、企業者がそれを指導する。そのような政策は、愛国主義的でもあるし、好戦的でもある。この好戦的な営利企業政策の直接の文化的価値は、疑いの余地がない。それは、民衆の側に、保守的な気分をつくり出す。戦時中には……市民権は停止される。戦争と軍備がすすむとともに、それはますます停止される。軍事訓練は、儀式のような先例、独裁的な命令、そして無条件の服従の訓練である。……このような軍事訓練が徹底的となり、包括的となればなるほど、社会の成員はますます効果的に隷従の習慣に訓練されてしまい、民主主義の主要な弱点であるところの、身分的権威をしだいに軽視するようになる傾向から、逸脱してしまう。[12]」

それは明らかに、ひとつの復古主義もしくは「隔世復帰」であり、社会を自然法以前の絶対主義体制に後もどりさせるものである。

「好戦的文化は、自然権の体制以前の、いっそう古い状況、すなわち絶対主義政体、君主政治、権利と名誉の退化、宗教的権威、人民の服従と卑屈の体制へと後もどりする。それは人間の自然権の回復をもたらすのではなく、神の恩恵への復帰をもたらす。[13]」

資本主義の岐路

しかし、このような保守的、復古的な傾向は、もともと資本主義企業によって助長されたものであるにもかかわらず近代資本主義の基礎である近代科学や機械的技術と両立しないし、また、それと緊密に関連している営利企業それ自体とも矛盾する。

「しかし、権威主義や儀典的な尊厳は、機械技術とも、近代科学とも、また企業取引とも両立しない。営利主義社会によってたえず促進される積極的政策や、貴族的理想が自由につくり出されるかぎり、その論理的帰結は、近代をそれ以前の時代から区別するような文化的特徴の減退ということである。そして、そのなかには、営利企業それ自体の衰退をふくんでいる。[14)]」

ヴェブレンのみるところによると、現代の資本主義はひとつの大きな岐路に立っている。それが向うべきひとつの道は、近代産業と機械過程をさらにおしすすめて、資本主義をこえて体制を前進させることである。もうひとつの道は、営利企業とその保守主義が優越する結果、体制を近代以前の状態に逆もどりさせることである。かれは、一九〇四年には、この点について、必ずしもはっきりした回答をあたえていない。しかし、現在のような営利企業は、結局は消え去る運命にある、というのが、かれの帰結であるようにみえる。

「機械技術や、物質科学の追求が決定的に廃止されると考えることはむつかしい。その理由はいろいろあるが、中でも、このような文化要素を失うような国は、それによって、その競争相手に対抗する力をあたえるたくましい物質的な力をも失うという理由のためである。また、あるキリスト教国が、企業と帝国主義政治の袋小路にはいることがなく、それによって物質的精神が排除される過程を通り抜けずにすむと考えることも、同じようにむつかしいことである。この二つの対立的な要因のどちらのものが、長い目でみて、いっそうつよくなるかは、いわば盲滅法な当推量である。しかし近い将来はそのどちらかに属するようにおもわれる。営利企業の完全な支配はどうしても過渡的な支配である、ということだけはいえそうである。それは、この二つの相異なる文化傾向のいずれのものが勝利をうるにしても、結局は消え去る運命にある。それはいずれのものの高揚とも両立しないからである。[15]」

ヴェブレンは、このような言葉をもって本書をむすんでいる。

1) Thorstein Veblen, *The Theory of Business Enterprise*, 1904. p. 1—2.
2) *Ibid*., p. 51.
3) Thorstein Veblen, *The Vested Interests and the Common Man*, 1919. p. 89.
4) Thorstein Veblen, *The Theory of Business Enterprise*, 1904. p. 117, N.
5) *Ibid*., p. 128.
6) *Ibid*., p. 180.

7) *Ibid.*, p. 251.
8) *Ibid.*, p. 255.
9) *Ibid.*, p. 256.
10) *Ibid.*, p. 258.
11) *Ibid.*, p. 289.
12) *Ibid.*, p. 391—392.
13) *Ibid.*, p. 394.
14) *Ibid.*, p. 399—400.
15) *Ibid.*, p. 400.

二　貝殻追放

この書物が出版されると、それは前著のばあいと同じように、各方面に多くの反響をよびおこしたが、しかし、それにたいする評価はひじょうにまちまちであった。社会主義者ウォーリング W. E. Walling などは、それを高く評価してつぎのようにかいた。

「あらゆる都市のなかでも、もっともアメリカ的な都市の教授であり、ロックフェラーが創立した大学の禄をはんでいるヴェブレンは、宣伝屋ではなく、その材料を科学的にとり扱っている。かれは、アメリカの社会主義運動にたいして、哲学的な脊柱をあたえている[1]。」

しかし、一般の批評は、『有閑階級の理論』のばあいほどはよくなかった。トーマス・カーヴァー Thomas N. Carver は「数週間かかって、なんどもくり返してよんだけれども、残念ながら、多くの部分で、著者がなにを言おうとしているかを語ることができないことを告白する」とかいた。また、かつてヴェブレンの同僚であったワーゲランド Agnes Wergeland は、「ひとびとは、かれが露骨で不愉快な真理以外のことには、少しも同情をもたず、宣伝もしないことを、不快におもうだろう」といった。

シカゴ大学におけるヴェブレンの立場は、本書の出版の後も、たいしてよくならなかった。エレン夫人は友人にこうかいている[2]。

「わたくしたちは、一九〇三年までは、一年の収入が四〇〇ドルないし六〇〇ドルの程度でした。その年に、あのひとの俸給が一、〇〇〇ドルにはね上りました。」

しかし、それがとまりであった。ヴェブレンは、それ以後は俸給も上らなかったし、地位も助教授以上にはなれなかった。ハーパー学長は、ヴェブレンのことを「大学の広告にならない男」と考えているようであった。

ヴェブレンは、同僚にたいしても、けっしてひとつき合いのよい方ではなかった。シカゴ大学でのかれの同僚のひとりであったエドワード・カミングスはこういっている。[3)]「わたくしは、わたくしたちのときたまの交際のなかで、ヴェブレンがなにを考えていたかが皆目わからなかった。かれは極度にひと嫌いで、ひとから離れ、自分ひとりで歩くのが好きであった。……かれは、ほかのひとの話すのを、礼儀正しくききながら、一言もしゃべらずに、一時間でも二時間でも坐っていることができた。だから、ほかのひとが話を止めると、会話はまったく杜絶えてしまった。」

ヴェブレンの大学での講義もあまり評判がよくなかった。少数の優秀な学生は、かれの博学と進歩的な思想に魅力を感じ、よろこんで講義をききにきた。後にヴェブレンととくに深い関係をもつようになったウエズレー・ミッチエル Wesley C. Mitchell や、ダヴェンポート H. J. Davenport などは、その頃の聴講生であった。しかし、かれの口のなかでぶつぶついっているような話し方や、冗慢で難解な説明は、多くの学生にとっては、まるで人気がなかった。当時の学生のひとりは、こうかいている。

「……とても妙な奴だ。かれは試験というものをしたことがない。いつも学期の終りになると、もし諸君がゆるしてくれるなら、大学生活の止むをえない慣例にしたがうために、みんなにCの点をつけたいんだが、と言った。……きまったように頬に手を当てて、低い、抑揚のない口調で、およそおもしろくない話をした。……わたくしたちは、かれがほんとに判らなかった。個人的にはちっとも親しくなかった。[4]」

かれの教え方も一風変っていた。かれは学生は沢山のノートをとるべきではないとおもっていた。ある年とった気の小さい学生が、ヴェブレンの言葉のままを書きとろうとして、かれが言ったことをもう一度くり返えしてほしいとお願いすると、ヴェブレンは「それはくり返えしていうだけの値打ちはないとおもいます」と答えた。講義のとき、学生は質問をしてもよかったが、かれの答えはけっして親切ではなかった。あるとき「臆測的歴史」と真の歴史との関係について、学生から質問が出た。ヴェブレンは「わたくしのみることができるかぎり、その関係は、リーアル・ホース（ほんとの馬）と、ソウ・ホース（のこひき台）との関係と大体同じです」と答えた。その学生はそれ以上質問することができなかった。ときには、すばらしい機知の閃きもみられた。あるとき、ヴェブレンが、あらゆる道徳的原理は、可変的な社会的規準であって、歴史的、地理的に普遍的な同意を要求するようなものはない、といったことにたいして、ある学生が異議を唱え、例えば「すべてのひとは、自分がつくり出したものにたいして権利がある」という格律などは、たしかに、そのような一般的同意を要求するものではないでしょうか、と主張した。すると、ヴェブレンは「そうかもしれませんね。しかし、もしもわれわれが、それを『すべての女は、そのつくり出したものにたいして権利がある』といい換えるならば、ヨーロッパには、君の言葉を、即座に拒否するようなところがあることが判るでしょう、」と答えた。

しかし、ヴェブレンの講義は概して生彩がなく、印象がうすかった。かれの服装はみすぼらしく、かれの姿勢はだらしがなかった。声も低く、そして単調で、隅の方にいると、ほとんどきこえなかった。講義は脱線が多く、まとまりがなかった。ことに哲学の話になると、あまりにも抽象的であり、難解であって、多くの学生はとうていついてゆけなかった。

それでも女性のなかには多くのヴェブレン崇拝者がいた。かれは、男性にたいしては、めったに心をうち開けなかったが、女性にたいしては、母性的な尊敬と友情をもったようである。しかし、それはエレン夫人との不和の原因となったばかりでなく、大学におけるヴェブレンの立場を悪くする動機となった。かれは、『営利企業の理論』を出版した後に、ヨーロッパへの旅行を試みたが、その旅行に関連して、ある種の私行上の噂が伝わり、それが、かれの立場を決定的に悪化させた。そして、かれは一九〇六年、前後十六年間在職したシカゴ大学を去った。それは、かれが四十九歳のときのことであった。

ヴェブレンは、一九一八年に世に送った『アメリカの高等学術』(Thorstein Veblen, *The Higher Learning in America. A Memorandum on the Conduct of Universities by Business Men.* 1918.) のなかで、企業者が管理する大学における大学人の地位がけっして安定しておらず、しばしば学問以外の世俗的、個人的な生活状況によって影響をうけることを指摘し、そのような大学人の地位に影響を与えるような好ましくない状況として、「結局は、滑稽なことになってしまうかもしれないような不慮の新聞の評判、宗教上もしくは宗教以外の非因習的な確信、望ましくない政治結社への加入、金のかかっていない結婚、もしくは噂の種となるような面白くない家庭事情[5]」などを挙げているが、それは、多分にヴェブレン自身の体験にもとづく言葉であった。

1) *Political Science Quarterly*, Vol. 20, 1905. p. 141.

2) Joseph Dorfman, *Thorstein Veblen and His America*, 1934. p. 239.

3) *Ibid*., p. 247.

4) *Ibid*., p. 248.

5) Thorstein Veblen, *The Higher Learning in America. A Memorandum on the Conduct of Universities by Business Men*, 1918. p. 164.

第五章　スタンフォード大学時代

一　セドロの「エデンの花園」

シカゴ大学を去った後のヴェブレンは、すぐに次の仕事をさがしたが、それは容易にみつからなかった。その頃、国会図書館の古文書部長の席があいた。ヴェブレンはその椅子を望んで八方に運動したけれども、それもうまくゆかなかった。一九〇六年四月には、かれはハーヴァード大学に招かれて、その経済学部で四回の講演をおこなった。その講演の一部は、一九〇七年、「カール・マルクスおよびその追随者の社会主義経済学」という長論文となって、「クォータリー・ジャーナル・オヴ・エコノミックス」に二回にわたって連載された。ハーヴァードのタウシッグ教授などは、それを機会にヴェブレンを同大学に迎えたい意向のようであったが、それは一部のひとびとの反対があって実現しなかった。

しかし、その年の夏には、スタンフォード大学のジョーダン David S. Jordan 学長がヴェブレンを迎えにきた。その頃、ジョーダン学長は、同大学を、もっと職業的な学校にしようとしていた理事会と対立していたために、かれは自分の切札としてヴェブレンを迎えたのである。地位は準教授で、俸給は年三、〇〇〇ドルであった。講義の責任はわりあいに少なく、研究や執筆の時間は十分に与えられた。かれは八月下旬から講義をはじめた。しかし、スタンフォード大学でのかれの椅子も、やはり必ずしも温かではなかった。ヴェブレンの門下生のひとりのレオン・アーヅルーニ Leon Ardzrooni は、ヴェブレンにたいするスタンフォード大学の処遇を、「恥ずべき冷遇」という言葉でいいあらわしている。[1)]

その年の八月には、父親トーマス・ヴェブレンが死んだ。そして、半年後には母親もその後を追った。トーマスは子供たちの教育には熱心であったが、遺産としては八、〇〇〇ドルの不動産があっただけであった。そしてヴェブレンがうけとったものは、その分前の中からかれの教育費をさしひいたものであった。

スタンフォードでは、ヴェブレンはセドロというところの、松と杉の森のなかの小さな家に住んだ。はじめのうちはエレン夫人もいっしょに暮した。夫人のいうところによると、それは「ステイシーヴィルのときのように幸福な生活」であったらしい。しかし、それも永くはつづかなかった。夫妻のあいだはしだいに不和となり、最後には、夫人は別のところに小さな家を建てて暮し、道で会ってもろくに口もきかないような状態となった。

ヴェブレンは、スタンフォード大学の学生であったロバート・ダフス Robert L. Duffus と、その弟ウイリアムズを手伝いとして雇いいれ、四十羽の鶏と、二頭の牛を飼って暮した。それはかれにとっては、むしろ平安な生活であったようにおもわれる。ダフスはその頃のヴェブレンの生活をつぎのようにかいている。

「セドロは、ある意味では、またしばらくのあいだは、ヴェブレンにとっては、エデンの花園のようなものであったとおもう。それが、その年、かれと生活をともにするようになったわたくしにとって、別の意味で花園であったと同じように。かれはそれを自分でつくったのではないから、神が最初の花園にたいしていだいたような責任感は感じていなかった。しかし、かれは夕暮の涼しさのうちに、またかれ自身の夕暮の涼しさのうちに、そのなかに足を踏みいれた。[2)]」

しかし、スタンフォード大学でのヴェブレンの立場は、シカゴのばあいとあまり違わなかった。かれよりもずっと歳下のオーリン・ヤング Allyne Young は、一九〇七年に教授になり、哲学科のヘンリー・スチュアート Henry W. Steuart も同じく教授に昇進したが、ヴェブレンだけは、いつまでたっても準教授であった。かれは大学の行政のことには、まったく関係しなかった。教師としても、かれの評判はけっしてよくなかった。かれの講義は、最初の数日間は、かなり大勢の聴講者があったが、しばらくすると、数人に減ってしまうのがつねであった。「文明の経済的要因」にかんする講義の聴講者は、いちばん多いときでも十二人、最後の年には三人にすぎなかった。「経済学史」でも十一人ないし三人であった。かれがスタンフォード大学にいた最後の年に、担当した博士課程の講義では、とくにヴェブレンに心酔していたキャンプという大学院学生がたったひとり聴講しただけであった。

ヴェブレンが学生のあいだに人気がなかったのは、ひとつには、その風采があがらなかったためであった。当時の学生のひとりはこうかいている。

「つばの垂れ下った帽子をまぶかにかぶり、くたぶれた上衣とズボンをきて、髪やひげがまるで手入れしてないかれが、中庭をぶらぶら歩いているのをはじめてみたときには、てっきり浮浪者だとおもいました。」

しかし、そのような状況ではあったけれども、スタンフォードの三年間は、ヴェブレンにとっては、けっして無駄な三年間ではなかった。かれはその間に、主として経済学の理論や方法について、きわめて広範な読書と研究をおこない、それにかんする多くの論文を発表した。それは、前述の「カール・マルクスおよびその追随者の社会主義経済学」（一九〇七年）のほか、「クラーク教授の経済学」（「クォータリー・ジャーナル」一九〇六年二月）、「近代文明における科学の地位」（「アメリカン・ジャーナル・オヴ・ソシオロジー」一九〇六年三月）、「フィッシャーの資本と所得論」（「ポリティカル・サイエンス・クォータリー」一九〇七年三月）、「資本の性質について」（「クォータリー・ジャーナル」一九〇八年八月）、「フィッシャーの利子率」（「ポリティカル・サイエンス・クォータリー」一九〇九年六月）、「限界利用の限界」（「ジャーナル・オヴ・ポリティカル・エコノミー」同年十一月）などであった。それらのものはいずれも、ヴェブレンが、シカゴ大学時代以来、資本主義そのものの批判と並行してすすめてきた経済学批判の仕事に属するものであった。それらの業績は、その後一九一九年になってから『近代文明における科学の地位』（*The Place of Science in Modern Civilisation and Other Essays*, 1919. という著書にまとめられたけれども、実際には、その仕事は、主としてスタンフォード大学時代に一応完成していたのである。

1) Thorstein Veblen, *Essays in Our Changing Order, edited by Leon Ardznooni*,1954, XV, N.

2) Robert L. Duffus, *The Innocents at Cedro: A Memoir of Thorstein Veblen and Some Others*, 1944. p. 159.

二　経済学批判

ヴェブレンがこれらの一連の仕事によって果そうとしたことは、従来の経済学――古典派、歴史学派およびマルクス主義経済学――の方法をかれ独特の立場から批判することによって、かれ自身が正しいとおもう経済学の方法――いわゆる「進化論的経済学」の方法――をうち立てることであった。

古典学派批判

それでは、古典派経済学にたいしてヴェブレンは、どのような見方をしていたか。かれは、アーヴィング・フィッシャー Irving Fisher の『資本の性質と所得』にたいする書評のなかで、つぎのようにかいているが、それは、かれの古典派経済学にたいする基本的な態度を示すものであった。

「『資本と所得の性質』は、過去四分の一世紀のあいだ、理論経済学者の仲間をして、「知識の増進と普及」にたいして、なにもしないことに満足せしめてきたような部類の書物である。……本書に欠けているのは、生命の息吹きである。そして本書は、このような欠陥を、オーストリア学派の多くの理論的所産と共通にもっているばかりでなく、いっそう厳格にいえば、古典的な祖先の経済学者とも共通にもっている。[1)]」

つまり、古典派やオーストリア学派の経済学は「貧血的」であって、生命の息吹きに欠けている、というのが、かれの根本的な批判であった。

ヴェブレンのみるところによると、古典派経済学は、「自然的」「正常的」「支配原理」「攪乱要因」といったような、多分にアニミズム（心霊崇拝主義）的な性質をもつ規範概念を基礎とし、しばしば「臆測的歴史」（conjectural history）（ジェイムズ・スチュアート）を用いて、「儀典的妥当性」（ceremonial adequacy）の法則をもとめようとする「経済分類学」（economic taxonomy）にすぎないと考えられる。

まず最初、重商主義への反動としてあらわれた重農派経済学は、もともと中世期的スコラ哲学の継承者であり、多分にアニミスティックな性格のものであった。かれらの基本概念は「自然秩序」や「自然法」であった。そして、これらの観念が、経済学上の「自由放任」の格率にたいして、論理的関連をもっていたことは明らかである。

重農学派から、アダム・スミスおよびそれ以後のイギリス古典学派に目をうつすと、重農学派に比べて、はるかに事実的、経験的資料を尊重する態度がみられる。「アダム・スミスの自然法のなかには、同時代のフランス経済学者のそれに比べて、明らかにずっと傲慢でない調子がふくまれている。」しかし、スミスの体系は、基本的にはやはりアニミズムの傾向によって貫かれている。そのような傾向は、たとえば、社会的出来事はつねに「みえざる手」によってみちびかれているというデイズム（理神論）的命題、社会にはたらいている世界改良的傾向にたいする楽観論、実質的なものと名目的なものとの区別、「臆測的歴史」の概念を適用することによっておこなわれる経済データの正常化、社会的福祉を達成する手段としての自然的自由や、個人の利己心の尊重などのなかにあらわれている。

しかもヴェブレンのみるところによると、スミスにはじまるこのような古典派理論は、マルサスやベンタム以後の「功利主義」経済学においては、ますます極端な形をとるようになり、典型的な「金銭文化の表現としての学問」となったものと考えられる。

スミスのばあいには、経済的現実の窮極の根拠は、自然秩序であって、利己的な利益の追求は単に予定の目的を実現するための手段にすぎなかった。ところが功利主義者のばあいには、「快楽と苦痛」が実質的な経済的根拠となる。スミスと功利主義者とのあいだの違いは、価値と生産との関係にかんするかれらの考え方のなかにあらわれる。スミスのばあいには、生産が価値を生み出すものと考えられたが、功利主義者のばあいには、価値が生産をみちびき出すものと考えられる。前者のばあいには、理論の中心となっているものは依然として生産であるが、後者のばあいには、価値と分配が中心的な地位を占めるようになる。前者では、生活の産業的側面が重要視されるが、後者のばあいには、むしろ金銭的側面に興味がむけられる。そのような経済学においては、あらゆる人間活動は、すべて快楽主義的均衡化の活動であると考えられる。

「蟹を捕えるために、熊手をもち、魔法の呪文を唱えて、浜草や磯波のなかをはいまわっている一群のアリューシャンの島民たちも、分類学的な真実の点からみると、地代、賃金および利子によって、快楽主義的な均衡化をはかる芸当をやっているものと考えられる。[2)]」

ヴェブレンは古典派理論の特徴を、受動的な快楽主義の経済学としてとらえ、その本質を、かれ独特の晦渋な表現で、つぎのようにいいあらわしている。

「イギリスの経済学者の手によるものでも、大陸の経済学者の手によるものでも、経済理論のあらゆる伝統的定式化において、研究の対象となっている人間素材は、快楽主義を基礎として考えられている。つまり、受動的であり、本質的に不活動的であり、また一定不変の状態であたえられている人間性が基礎となっている。経済学者の心理学や人類学の予備概念は、心理学や人類学が数世代以前にうけいれていた概念であった。人間にかんする快楽主義の概念は、快楽と苦痛のすばやい計量器の概念である。その計量器は、その場所は変えるけれども、それを無活動の状態においておく刺激の衝撃のもとに、幸福欲望の同質的な水滴のように振動する。人間は、先駆者もなく、後続者もない。かれは、かれをあちらこちらに動かす力の衝撃がなければ、安定した均衡をたもつところの、ひとつの孤立した人間的所与である。かれは、力の並行四辺形がそのうえに作用し、それによって合力の線に沿って動かされるまでは、最初からの空間に定置されて、自分自身の精神的な基軸のまわりを、左右同形的に回転する。その衝撃の力がつきはてると、かれは以前のままの欲望の自足的な水滴としてのおちつきをとりもどす。精神的にみると、快楽主義の人間は、自動因ではない。かれは、生活過程の座標ではない。……」[3)]

歴史学派批判

ヴェブレンは、古典学派の経済学にたいしては、きわめてきびしい批判的態度をとったが、一方、ドイツ歴史学派にたいしては、ずっと身近かな親近感をいだいていたようにおもわれる。かれは、かのグスターフ・シュモラー Gustav Schmoller 教授の『綱要』(" *Grundriss* ")の出版について、それは「経済学文献における最初の重要な出来事である」[4)]というような高い評価をあたえている。

しかし、ヴェブレンは、アドルフ・ワグナー Adolf Wagner によって代表される初期歴史学派にたいしては、それは、徒らに膨大な歴史的資料を蒐集しただけであって、理論の点では、まったくの不毛の原野である、というきびしい批判をおこなっている。

「歴史学派の初期の世代ほど、データへの固執を最高点にもたらしたものはない。しかし、いかなる経済学も、歴史学派の伝統的な経済学くらい、進化論的科学から遠ざかったものはない。その学派のエネルギーをひきつけた広範な博識や探求は、科学であることからはほど遠かった。というのは、かれらはデータの列挙と、産業発展の説明的記述に満足し、なにかの理論を提出したり、その成果を一貫した知識の体系に組み立てることは、考えていなかったからである。[5)]」

これに比べると、後期歴史学派に属するシュモラーなどの考え方はよほど違っていた。かれらは、事実の細目の探求は、それが経済生活の過程に作用する因果法則の方式化の目的に役立つばあいだけ、科学的に有用であると考え、そのかぎりにおいて、諸制度の起源、発達、持続および変容の過程を探究した。この点で、後期歴史学派の経済学は、古典派の分類学とも異なり、また初期歴史学派の「単なる歴史学」ともちがって、かなりつよく、ダーウィン以後の進化論的な科学としての性格をもっている、とヴェブレンは考える。しかし、かれの立場からみると、そのシュモラー自身もなお、浪漫主義もしくはヘーゲル哲学の影響から十分に脱却しておらず、しばしば文化の発展過程における世界改良的な目的論的傾向を頭においていた。しかるに、ヴェブレンのいわゆる進化論的経済学は、あくまで経済制度の累積的因果系列を明らかにする学問であって、そこにはなんらの勧告、なんらの便宜性の準則、なんらの経済的、政治的、文化的な信条をもふくむべきでなかった。したがって、このような立場からみれば、多分に倫理的、規範的概念をともなっていたシュモラーの経済学は、なお多くの批判の余地を残すものと考えられたのである。ヴェブレンは、この点について、つぎのようにいう。

「著者シュモラーが、現代の発展にいたるまでの制度の生活史にかかわっているあいだは、かれの論議は、科的学興味の非情な光によっておしすすめられる。……しかし、かれが今日の状況に接近するようになり、現代の制度的変化のなかに作用している因果的複合の非情な分析や究明をはじめねばならないような点に到達するや否や、科学の光はたちまち、虹色のいろいろな光彩に分れてしまい、著者は熱心で雄弁な弁護人になってしまって、いかにあるべきか、近代社会を救うにはなにをなすべきか、というような問題を論じるようになる。この点になると、論議は、現象の発生的解明という性格を失い、便宜性、道徳、よき趣味、保健、政治目的もしくはまた宗教といったようなものの基盤の上に発せられる訴えや、勧告の性格をおびるようになる。[6]」

このように、ヴェブレンは歴史学派の経済学にたいしても根本的な批判的立場に立っている。だから、ヴェブレン研究者のひとりであるドブリアンスキーも、「ヴェブレン経済学を、歴史学派と同一視したり、経済学説史家がしばしばやっているように、それをもって、歴史学派のアメリカ版として記述することは間違いである。[7]」といっているのである。

マルクス主義経済学批判

ヴェブレンは、きわめて早い時期から、マルクスをふくめての社会主義の思想や経済学に、多くの注意を払っていた。かれは、アメリカにおけるマルクス主義研究者として、先駆者的な地位をもつひとであった。[8]

かれはすでに、一八九二年に、「社会主義理論における若干の閑却された点」という論文をかいている。それは、スペンサー一派の、社会主義や社会立法にたいする反対論を批判し、ほぼヘンリー・ジョージに近い立場から産業の国有化を主張したものであったが、かれはすでにその頃から、明らかに社会主義思想にたいして多くの理解と同感を示していたのである。

その後、ヴェブレンは、一八九五年中に、かれが編集の責にあった「ジャーナル・オヴ・ポリティカル・エコノミー」誌に、いずれも社会主義にかんする「覚書」と「書評」をかいているが、それも、ヴェブレンのマルクス主義経済学にかんする理解の程度を示すものとして、重要な意義をもつものである。

「覚書」は、ちょうどその前年に出版されたマルクス『資本論』第三巻にかんするものであった。そこでヴェブレンは、とくに剰余価値率と利潤率との関係にかんするマルクスの見解をかなりきびしく批判して、つぎのようにいう。——

『資本論』第三巻は、剰余価値学説の気取った構造は、寓意的な意味で（in Pickwickian sense）、解釈さるべきであるということを、ほとんど二〇〇ページを費して骨折って説明したものである。剰余価値の理論を、利潤率の日常的な事実と調和させる必要が考えられているが、そのような考え方は、剰余価値理論を、それとは無関係なことに誤って適用しようとする粗雑で無用な試みを基礎とするものである。剰余価値理論は、具体的事実——利潤率——にたいして、きわめて疎遠な漠然たる関係しかもっていない。「剰余価値」と「利潤」との関係はせいぜいのところ、ある社会の、あるときの総利潤は総剰余価値であるともいえる、ということ位のものである。剰余価値率と利潤率とのあいだには、なんら具体的な関係はない。その両者はまったく独立に変動する。具体的なばあいの、すなわち特定の産業ないしは企業の総利潤は、その産業ないしは企業においてつくり出される総剰余価値に依存するものでもなく、また額においてそれと一致するものでもない。剰余価値理論全体は、あらゆる有益な目的にたいして事実上、無意味なガラクタ（meaningless lumber）である[9]、と。

つまり、ヴェブレンは、利潤こそが具体的事実であって、剰余価値はたんなる抽象概念であり、その両者のあいだには、なんらの具体的な関連はないと考えるのである。われわれはそこに、資本主義体制の特色を、産業資本による商品生産過程——剰余価値創出過程——だけではなく、あくまで、近代産業とむすびついた「営利企業」の貨殖的営利活動に即してとらえようとするヴェブレンの根本的な態度をみることができるのである。

「ジャーナル・オヴ・ポリティカル・エコノミー」の同じ号に載った「書評」は、Robert Flint, *Socialism*, 1894. にかんするものであった。そこでは、ヴェブレンは、主としてフリントの資本概念の批判をおこなっているが、われわれは、それを通じて、ヴェブレンがマルクス主義の資本概念をきわめて的確に理解していることを知ることができる。かれはつぎのようにいう。――

フリントは「社会主義と労働」という章では、資本にかんするマルクスの定義をかなり正しく記述している。すなわち、そこでは「資本」は「私有財産として保有せられ、雇用労働を用いて利潤を造出するために用いられる生産財」として理解されている。ところが「社会主義と資本」という章で「資本にたいする社会主義者の根拠なき敵意」について語るばあいには、かれ〔フリント〕は、このような歴史的範疇としての資本の特殊な社会主義的概念を忘却してしまい、資本にたいする社会主義者の敵意を、たんに生産手段にたいする敵意というように解してしまう。このように、フリントは、資本にかんする社会主義的概念と、現在流行の概念とのあいだの区別を一貫的に保持することができなかったのであって、そのことが、この章全体を台なしにしている[10]、と。

その後、ヴェブレンは、シカゴ大学に在職した十五年間を通じて、ますますふかく社会主義学説の研究に没頭したことは前に述べた通りであるが、かれは一九〇七年にいたり、そのような「十五年間にわたって社会主義の講義をおこない、その術語で思索したことの成果」(ドーフマン)として、「カール・マルクスおよびその追随者の社会主義経済学」を「クオータリー・ジャーナル・オヴ・エコノミックス」に発表した。かれはこの労作によって、マルクス主義経済学にたいする深い理解と造詣を十分に示すとともに、それにたいするかれ独特の批判をはっきりうち出した。

この論文で、ヴェブレンはまず、マルクスの学問的業績にたいする高い評価を表明してつぎのようにいう。

「その体系全体は、人類文化のいかなる様相をとり扱った科学のなかにも、めったにぶつからないような独創性と創意の雰囲気をもっている。」

かれのみるところによるとマルクス主義の思想は㈠イギリス的自然権ならびに㈡新ヘーゲル主義ないしは唯物論的ヘーゲル主義の二つの源流から発しているものと考えられる。マルクスの社会主義的宣伝の中心となっている労働価値説、労働搾取理論、労働全収権の理論などは、すべてイギリス的自然権ないしは自然的自由の思想にもとづくものであるとヴェブレンは解釈する。しかし、このような社会主義的理想を歴史過程において実現することについてのマルクスの理論は、一種のヘーゲル的な発展の形而上学であるところの唯物史観にもとづいている。そのようなヘーゲル的唯物論は、正統的ヘーゲル主義とは、ちょうど表裏の関係に立っている。ヘーゲルは「思惟は存在である」といったが、マルクスは「存在が思惟を決定する」と考える。しかし、いずれのばあいにおいても、理論的定式化の支配的な規範となっているものは、運動、発展、進化、進歩といったような概念であり、また、そのような運動はつねに闘争の過程において必然的に生起するという考え方である。それは、ヘーゲルのばあいにおいては、テーゼ、アンティテーゼおよびジンテーゼの三段階の弁証法的過程による絶対精神の自己実現のための闘争であり、マルクスのばあいにおいては、階級闘争である。

ヴェブレンは、マルクス主義の根本思想をこのように理解しているのであるが、しかし、かれ自身は、新ヘーゲル主義と唯物史観とのいずれにたいしても、別の立場に立つ。かれは、マルクスの階級闘争理論と、その基底に横たわるヘーゲル主義とをつぎのように批判する。

マルクスは階級闘争を「物質的なもの」と考えているが、このばあいの「物質的」という言葉は、機械的、物理的もしくは生理学的なものを意味するのではなく、たんに経済的なものを意味するにすぎない。「歴史の唯物的概念は、生産ならびに、生産についでその生産物の交換が、あらゆる社会秩序の基礎であるという原理の上に進行する。」（エンゲルス）そして社会発展の一定の段階における階級闘争の性格は「そのときの経済的生産ならびに分配の様式」によって決定される。

それゆえに、社会進歩の弁証法的な運動は、たくましい創造の発展過程がその上に展開されるところの機械的、生理学的緊張の文字通り物質的な平面において動くのではなく、人間の欲望や衝動の精神的な平面において動く。それは、意識的な人間精神の有力な存在によって純化された唯物論である。もともと社会生活の展開過程にふくまれる窮極の能動的諸力は、生産機構にたずさわっている物質的労力であるが、しかし、その過程の弁証法——階級闘争——は、産業の物質的生産物の評価に参画する人間意識の第二次的諸力の中においてのみ、その進路をたどる。徹底的な唯物論的な概念ならば、どうしても、この仮定的な弁証法的闘争を、たくましい物質的諸力の無意識的な摩擦とみないわけにはゆかない。そのような唯物論的な概念は、意識的な階級闘争の概念に頼ることなしに、単に因果関係を基準とする解釈に達するであろうし、また、自然淘汰という非目的論的、ダーウィン的な進化の概念にみちびくであろう。このような進化の過程は、あくまでひとつの因果系列であって、「退歩」と区別される「進歩」の概念をふくむものではなく、また人間精神の「自己実現」の方向にむかうものということもできない。またそれは、ひとつの到達点、すなわち、すべての過程の線がそこに集り、それ以上には過程は進行しないようなある目標にみちびくということもできない。マルクス主義の階級闘争はひとつの目標をもち、そのような社会主義的到達点である無階級的経済構造では、階級闘争は消滅するものと考えられるのであるが、ダーウィニズムの世界では、そのような到達点などはなく、決定的な均衡点もない。

ヴェブレンは、以上のようなかれ独特の論理をもって、マルクス主義の史的唯物論を批判し、その代りに一種のダーウィン主義による社会進化論を主張する。ヴェブレンのつぎのような言葉は、かれのそのような考え方をもっとも要約的に言いあらわしたものといってよいであろう。

「マルクス主義の新ヘーゲル主義的、浪漫主義的な立場は、まったく人間性的なものであったが、一方、進化論的、もしくはダーウィン主義的な立場は、まったく非人間性的なものである。……浪漫主義的（マルクス主義的）な論理の系列は、本質的に知性的系列であり、したがってまたそれは目的論的性格のものである。その論理的帰趨は終りまで論じつくすことができる。つまり、それはある目標にむかっている。これに反してダーウィン主義の考え方においては、諸事実の中に求められ、それに帰属せしめられる連続性は、因果の連続性である。……その系列は、たくましい因果関係の背後の力（*vis a tergo*）そのものによって支配せられ、したがって本来、機械的なものである。発展の新ヘーゲル主義的、マルクス主義的体系は、相闘争する野心的な人間精神の形象によってつくり出される。ダーウィン主義的進化の体系は、機械的過程の性格をもっている[11]。」

以上によってほぼ明らかであるように、ヴェブレンは、古典学派、歴史学派およびマルクス主義をふくむ従来の経済学を、すべて前ダーウィン主義ないしは非進化論的科学として批判した。それでは、ヴェブレン自身が考えていた経済学はどのようなものであったろうか。

それは、人間の能動的な活動と、伝承的な環境との所産である諸経済制度が、社会進化の累積的因果的過程のなかで、いかに変化してきたか、またいかに変化しつつあるかを明らかにする学問であると考えられた。もともと、かれのばあいには、経済発展の過程は、人間の本能的性向、社会の歴史的伝統や環境などの相互作用のもとに、まったく機械的、非目的論的におこなわれるものと考えられる。それゆえに、そのような過程を客観的に究明することを目的とする経済学は、当然に進化論的科学でなければならない、とされるのである、ヴェブレンは、限界利用理論を論じた論文のなかでいう。

「近代科学は動物にかんするものでも、人間にかんするものでも、生命現象を探求するかぎり、発生の累積的変化の問題にかかわるものであり、またそれは、因果関係を基礎として生み出される生活史の形態の理論的方式化に集中する。それが普通の意味の科学であるかぎり、たとえば人間の行為にかかわるところの、経済学のような科学は、すべて人間の生活構造の発生学的研究となる。また経済学のばあいのように、研究の課題が物質的な生活手段にかかわる人間の行為であるばあいには、その科学は必然的に、物質文明の生活史の研究となる。この物質文明は、あらゆる人間文化と同じように、制度の構造であり、また制度の組織ならびに成長である。[12]」

一九〇九年には、ヴェブレンは、かねてからの計画であった『製作本能論』(*The Instinct of Workmanship*)の執筆にとりかかった。しかし、その頃からヴェブレンとエレン夫人との間柄はますます冷たくなった。また、かれをめぐるスタンフォード大学の空気もけっして温かではなかった。その年の暮には、再びヴェブレンの私行上の問題にかんするつまらない噂が伝わった。そして、かれは、一九〇九年十二月、三年間在職しただけでスタンフォード大学を去らねばならなかった。

1) Thorstein Veblen, (Leon Ardzrooni, ed.,) *Essays in Our Changing Order*, 1934, p. 148.

2) Thorstein Veblen, *The Place of Sciencee in Modern Civilisation and Other Essays*, 1919. p. 193.

3) *Ibid.*, p. 73.

4) *Ibid.*, p. 252.

5) *Ibid.*, p. 58.

6) *Ibid.*, p. 269.

7) Lev E. Dobriansky, *Veblenism: A New Critique*, 1957. p. 172.

8) ヴェブレンとマルクス主義との関係については拙稿「ヴェブレンとマルクス」(「経済研究」第九巻二号、一九五八年四月) 参照。

9) *Journal of Political Economy*, March, 1895. pp. 218—219.

10) *Ibid.*, pp. 250—251.

11) Thorstein Veblen, *The Place of Science*. pp. 436—7.

12) *Ibid.*, p. 240—241.

第六章　歴史哲学

一　ミズウリ大学へ

ヴェブレンはまたしても貝殻追放の状態となった。そして、このときもつぎの職は容易にみつからなかった。カナダのトロント大学へゆく話もあったが、結局ものにならなかった。かれは、カーネギー財団から資金援助をうけて、バルト海やエーゲ海の古代文化の実態調査をおこなおうとする計画を立てた。そして、そのためにわざわざ、突然変異学説、ブロンド種族、アリアン文化といったような題目について進化論や人類学の論文をかき、スタンフォードのジョーダン学長、ハーヴァードのタウシッグ教授などの有力者の推薦状をもらってカーネギー財団に援助方を申請した。しかし、それも結局、実現しなかった。

翌年の秋になって、やっとミズウリ大学にゆくことにきまった。それは、その頃、同大学の経済学長の地位にあったかつての教え子ダヴェンポート H. J. Davenport の尽力によるものであった。ダヴエンポートは、同大学の学長ヒル A. Ross Hill を説得して、ヴェブレンを招くことにしたのである。かれは、その年の暮にミズウリ州のコロンビアに移り、それから六年間、その地にすごすこととなった。

その間、ヴェブレンが、とにもかくにも、講義と研究をつづけ、後に紹介するような『製作本能論』を完成することができたのは、すべてダヴエンポートの配慮と庇護によるものであった。かれは、ヴェブレンのために、自分の家の地下室を提供し、親身も及ばない世話をした。その当時のかれの生活は、ドス・パソスの文学的な表現を借りれば、ほぼつぎのようであった。

「コロンビアでは、かれはダヴエンポートの家の地下室に、隠者のような生活をしていた。かれは、そのまわりの仕事の手伝いをし、自分で椅子やテーブルをつくっていた。かれはもはや、小皺のよった灰色の顔、茶色がかったひげ、黄色い歯の、いたいたしい中年男だった。かれの講義についてゆける学生は、めったになかった。ヨーロッパからの来訪者があると、その連中が会いたがるひとは、きまりきったようにヴェブレンであったので、大学当局はいつでも驚きもし、またいくぶん口惜しがりもした。[1)]」

ヴェブレンとエレン夫人との間柄は、スタンフォード時代から、うまくいっていなかったが、一九一一年になると、ますます悪くなったようにみえる。夫人は、その年の一月、友人に宛てた手紙のなかで、「あのひとはいま、再びわたくしと離婚したいといっています。事情はとてもややこしくて、どうしていいかわかりません」とかいた。そして、それから一年ほどたつと、夫妻のあいだに決定的な破局がきた。その頃、夫人はまたつぎのようにかいている。

「わたくしはとうとう、同居しないというかどで、十五分間で、たった三人の証人の前で、離婚になってしまいました!!　なんというおそろしい、乱暴な離婚でしょう！　わけがわかりません！」

ヴェブレンはその後、一九一四年に再婚した。相手は、シカゴ時代にかれの崇拝者のひとりであったアンヌ・ブラッドリー Anne Fessenden Bradley という婦人であった。かの女も再婚者であり、二人の娘の母親であった。アンヌ夫人は、知性的なひとであり、また前夫人よりはずっと家庭的なひとのようであったが、その頃からヴェブレンの健康はおとろえはじめた。かれは、ちょっとしたことで、すぐ風邪をひき、その度に長く病臥するようになった。

ミズウリ大学でも、ヴェブレンの地位は、けっしてめぐまれたものではなかった。かれは、その大学在任中、ずっと講師であって、一年毎に契約を更新しなければならなかった。俸給もスタンフォードでは三、〇〇〇ドルであったが、ここでは一九一三年に一、九二〇ドル、一九一七年になっても、やっと二、四〇〇ドルにすぎなかった。かれは、ダヴェンポートとは親しくしていたが、そのほかの同僚とは、ほとんど交際しなかった。大学の教授食堂でも、かれは食事がおわるとすぐに席を立つのがつねであった。[2)]

講義は「株式会社金融」、「トラストと企業結合」、「文明の経済的要因」といったような題目のものであった。かれは、そのほかの事務的なことには、一切関心がなかった。その大学では、学生の出席をやかましくいい、試験も厳格であったが、ヴェブレンは出席をとったこともなく、試験もやらなかった。ときたま試験をやっても、採点は誰も彼も一様に「良」であった。

多くの学生は、『有閑階級の理論』の著者の名声にひきつけられたが、かれの半分しか聞えない声や、単調な口調に接すると、がっかりさせられるのがつねであった。講義は、ごたごたしていて、まとまりがなかった。かれは、十分に準備した講義をする代りに、思いついたままの考えを述べているようにみえた。かれは、学生の質問によって思いついた問題について、二日も三日も脱線をつづけかねなかった。学部の学生たちは、かれを「変り者」とおもい、かれの課目を「かも」だと考えていた。

大学では、学期のはじめに、それぞれの教室の入口に、講義の時間表を掲示する習慣があった。ある年、ヴェブレンの教室の入口の掲示は、「ソースタイン・ヴェブレン・月、水、金、一〇時—一一時」となっていた。ヴェブレンは勝手にそれを「月、水、金、一〇時—一〇時半」とかきかえた。すると、今度は学生の方で、それを「月、水、金、一〇時—一〇時一〇分」と変えてしまい、最後にとうとう「一〇時—一〇時〇五分」としてしまった。ヴェブレンは、それをみて、にやっと笑っただけであった。

しかし、大学院の学生たちは、ヴェブレンの博学に尊敬を払わないわけにはゆかなかった。そのうちのひとりは「いかに豊富な知識をかれはもっていることか、いかにひろく、また深くかれは本をよんでいることか。かれの豊かな精神は、自分の読んだものを忘れるどころか、むしろそれになにかをつけ加えたようにおもわれる。」[3)]といった。マイロン・ワトキンズ

Myron Watkins は、優秀な学生の態度を代表して、ヴェブレンのことを、カントとエンサイクロペディア・ブリタニカとをいっしょにしたようだとかいた。実際かれは、「ばんそう膏」のような記憶力の持主であった。かれは役に立つとおもう事実をみいだすと、それをちゃんと貯えておいて、必要なときにとり出してみせた。学生たちは、かれが、物理学、化学、生産技術などについて深い知識をもっていることに驚嘆した。ある学級では、かれは婦人靴のかかとの型と、その変遷の歴史を説明することだけで時間の大部分を費した。かれの博識はいろいろな伝説を生んだ。かれは、生物学の教授といっしょに森を歩いていたとき、ある種の昆虫の分類について、その教授と違った意見を出し、かれの方が正しかったといわれた。植物学の知識についても同じような噂が立った。かれは大学の三人の「学問的植物学者」のひとりに数えられた

その間にヴェブレンは、スタンフォードからもちこした『製作本能論』の執筆に心血をそそいだ。そして、それは、一九一四年になって、ニューヨークのマクミラン社から出版された。

1) John Dos Passos. *U. S. A. The Big Money*, The Modern Library, 1937. p. 101.

2) Joseph Dorfman, *Thorstein Veblen and His America*, 1934, p. 306.
3) *Ibid.*, p. 309.

二　『製作本能論』

基本的本能

『製作本能論』は、ヴェブレンがその歴史哲学を、かれの書物としては珍しくコンパクトな形で述べた書物である。かれは、『有閑階級の理論』以来、頭にあったかれ独特の歴史哲学を、この書物においてはじめて系統的にまとめ上げたのである。

ヴェブレンにとってもっとも重要な問題は、人類の文化や制度がいかにして発生し、発展し、そして衰退したかの累積的因果過程を追究することであるが、そのような歴史的推移を動かす基本的な要因はつぎのような二つのものであると考えられる。

そのひとつは、本来的に不変な人間の持続的な諸性向――かれのいわゆる人間「本能」(instincts)――であり、もうひとつは、そのなかで産業技術の変化が制度的変革の主要な営力となるような物質的環境である。つまり、人間の生活史は、人間の生得的な性癖もしくは本能が基礎的な原動力となり、それに外部的環境の制約が加わって、自己発展的な累積的因果系列を形づくりながら、無限の発展をとげるものと考えられる。したがって、ヴェブレンのばあいには、外部的物質的環境が歴史発展の制約条件として作用することを否定するものではないけれども、しかし、その真の動因はあくまで人間の能動的、積極的な営力であると考えられる。この点で、かれは、人間性を能動的、創造的な営力とみずに、単に受動的な「快楽と苦痛との快楽主義的な計量器（hedonistic calculus)」としてみる古典学派もしくは功利主義における人間観をきびしく批判するのである。

それでは、歴史発展の原動力である基本的な人間本能は、いかなるものであるかというと、それには、おおまかにいって、つぎのような二つの類型がある、とヴェブレンはいう。そのひとつは、集団本位の内向的な性癖（group-regarding prudential proclivities）であり、もうひとつは自己本位の略奪的性癖（self-regarding predatory proclivities）である。[1)] 前のものは、勤労、創造、奉仕といったような行動を生み出す性向であるし、後のものは、所有や支配にかかわる性向である。ヴェブレンは、前のものにはさらに㈠製作本能（instinct of workmanship）㈡親性本能（parental bent）および㈢好奇本能（instinct of idle curiosity）

の三つの主要本能がふくまれ、後のものの中には、見栄、支配、武勇、威信といったような性癖を数えることができるという。

「製作本能」というのは、その種族の生活にとってなにか有用なものをつくり出そうとする本能である。それは「効果的な仕事にたいする偏好と、無駄な努力にたいする嫌忌」であり、また「実際的な方便、手段方法、効率と経済の考案、熟練、創造的な仕事、事実の技術的支配にたいする関心」である。

「親性本能」というのは、その種族の子孫のための配慮、すなわち「来るべき世代の福祉にたいする非利己的な配慮」の本能である。それは、創造と奉仕の性向である点において製作本能と共通の性格のものである。

「直接、種族の物質的福祉にみちびき、したがってまたその生物学的成功にみちびくところの本能的性向のなかの主要なものは、おそらくここで製作感覚とよぶところの本能的傾向であろう。これと優劣を争うことができるような人間性のそれ以外の唯一の本能的要因は、親性本能であろう、事実、この二つのものは、多くの共通性をもっている。それらのものは、まったく同じ具体的な目的に志している。そして、お互いのあいだの相互的促進の関係はきわめて広範であり、かつ緊密であるから、しばしば、この両者のあいだに線をひくことは、きわめて困難な問題となる[2)]。」

「それ〔親性本能〕は、つねに製作本能を援助し、また生活手段における効率の直接の追求にたいする関心を支持する。親性本能と製作感覚とは、このような効率の追求において、きわめて緊密に接触し、かつ協力しているから、ある一定の方向の行動において、この二つの性癖のうちのいずれのものに、いっそう大きな、もしくは指導的な役割を与えるべきかは、多くのばあい、判定することがむつかしい[3)]。」

最後に「好奇本能」というのは、事物の因果系列にかんする事実的知識を、それ自身として追求する本能である。それは「よりいっそう重大な利害がかれの注意をひくことがないばあいに、ひとびとが、多かれ少なかれ、事実をよく知ろうと欲する」本能である。このような好奇本能は、知識のための知識を追求する性向であって、なんら現実的、功利的効果を期待するものではないけれども、そのような好奇心によってえられる知識は、やはり製作本能の発動を助ける働きをし、有用な財貨の創造に役立つ。

「人間の好奇心は、その習慣的な行使には、少くも功利主義的な目的がはいっていないという意味で、「無用」(idle) な性向である。しかし、この方法によって主体の利用しうる知識の中にひきいれられる物質的知識は、やはり製作精神の目的に役立つかもしれない。好奇心の刺激のもとに認識される事実の大部分は、製作や技術的洞察にたいしては、なんらの効果をももたない。それらのものが有用性をもつのは、本質的には幸運なばあいである。好奇本能のこのような「無用な性質」(idleness)、功利主義的な感覚や気分の欠如は、もちろん、そのものが、心理学者や文明史家の手によって、貧弱で、むしろ粗略な取扱いをうけていることの大きな理由となっている。[4]」

一方、人間は、魔術、迷信、タブー、伝統、金銭的見栄、世評といったようなものを尊重し、また武勇、豊かな富財、衒示的な消費、名誉ある地位などによって、自己の能力を示し、他のものを威圧し、支配しようとする自己本位の外向的な本能をもっている。このような人間本能は、上述の集団本位の内向的な本能とは、およそ異質なものであり、それにたいして矛盾と対立の関係に立つものであるが、しかし、やはり人間の文化的進歩の大きな推進力として作用するものと考えられる。製作本能や親性本能のような集団本位の創造的な本能は、金銭的見栄や営利活動のような利己的本能が優越するばあいには、しばしばそれによって歪められ、「汚染」(contaminate) される。ヴェブレンのばあいには、人類の歴史は、大体において、そのような過程を通じての製作精神の漸次的な歪曲と汚染の歴史であると考えられているようにおもわれる。

「なんらかの理由によって、厳格な階級差別、恣意的な政府統制、おそるべき神、権威的な聖職者などをともなう明白な強制的略奪的性格の文化をもつ人民は、これらの制度の要求や論理に適応するようにつくられた産業組織や産業技術をもつようになるであろう。このような制度的状況は、製作本能が効果を発揮するような技術的構造にたいして、大きな、そして広範な抑制を与える。……技術革新、すなわち新たにえられた技術的洞察の利用は、製作精神とは別の本能によって強制される制度的要求によって大きく阻害される。[5]」

未開文化から野蛮文化へ

人類社会の発展過程を、基本的に、製作本能と金銭的見栄との対立と交替の過程と考えるヴェブレンにとっては、その歴史過程は、ごくおおまかにいって、つぎのような二つの大きな段階をもつものと考えられる。そのひとつは、主として製作本能が支配する平和な原始未開文化（primitive, savageous culture）の段階であり、もうひとつは、主として金銭的見栄が卓越する略奪的野蛮文化（predatory barbarian culture）の時代である。かれは、さらにこれにつづく段階として、手工業時代（era of handicraft）および機械制産業の時代（era of machine industry）を区分しているが、しかし、これらのものは、私有財産制度と金銭的見栄に依存しているかぎり、原理的には、ひろい意味の野蛮文化の時代に属する。未開時代は、ほぼ、いわゆる先史時代に該当し、新石器時代から中世期に至るまでの約一万年ないしは一万二千年の期間をふくむ。野蛮時代は中世期が中心であるが、すでにそれ以前の時期からはじまっている。手工業時代は、中世期にはじまり、イギリスでは一八世紀末まで、ヨーロッパ大陸およびアメリカでは一九世紀半ばまでの時期である。機械制産業の時代は、ほぼ産業革命以後にはじまったものと考えられる。

まず最初に、低い原始未開の社会がくる。それは、農耕と家畜飼育を基礎とし、製作本能と親性本能が卓越する平和な母系社会である。

「農耕と家畜飼育の端緒がみられ、集団の公共利益が、なおひとびとの熱意と配慮がつねにそれにむかっている主要な日常の関心事であったような文化の初期の段階においては、母性がつねに人間的事物の秩序の中心的事実であった。したがって、このような文化段階においては、親性本能と製作本能は、両々相まって、女性を技術体系の主要な地位に据えるように作用したであろう。[6]」

そこでは、集団本位の生産と創造の人間本能がつよく支配しており、私有財産権を基礎とする自己本位の所有や支配は、まだ十分に前面にあらわれていなかった。だから、それはすぐれて平和愛好的（peaceable）な社会であった。未開社会は、けっしてホッブスのいうような「万人にたいする万人の戦い」の社会ではなかった、とヴェブレンはいう。

「北部ヨーロッパでも、エーゲ海でも、ヨーロッパの新石器文化を、このように――〔好戦的なものとして〕――特徴づけることは、少しも考古学的証拠のはっきりした支持をうけない。……両者からの資料は、道具に比べて、武器の点がきわめて貧弱である。……[7]」

「やがて、後期新石器時代や青銅時代において、なんらかの象徴や迷信の要具が考え出されるばあいにも、その普通のものは、けっして迷信的な恐怖や、宗教的な残虐行為を暗示するようなものではない。この部類のもっとも普通で特徴的なものは、小規模な平和的定住的農業文化のなかに見出されるような、豊饒を示すところのある種の小像なり、ある種の象徴的な要素なりである。事実、武器をもっておらず、その神は母なる神であり、その宗教的儀式は豊饒の儀式であるような文化は、けっして恐怖と蛮勇の文化であることはできない。[8]」

このような未開文化は、その後においても、より高次の文化に発展することなく、原始そのままの姿で停滞をつづけているばあいもないわけではない。エスキモー、ポリネシア、プエブロ・インディアンなどの原始民族のばあいがそれである。しかしながら、社会進化の正常な進路としては、未開社会の諸制度は、財産権の発生とともに、しだいに衰退、消滅し、つぎの発展段階である略奪的な野蛮社会に席をゆずる。そのばあい、平和な未開社会の制度の中から財産権が発生する径路は、およそつぎのようなものであると考えられる。

(1)古代の勤労者が、効率、勤勉、偶然の利得などによって、日常の消費以上の富を生産し、蓄積すること、

(2)未開社会における魔術師（shaman）や聖職者の手に富と権力が集中すること、

(3)製作本能によって富の蓄積がすすむとともに、攻撃や略奪の誘因がおこり、その結果としての「戦争の首長」の手によって権威と金銭的利得が獲得されること。

財産権はもともと製作本能や産業技能の結果であるが、しかし、いったんそのような制度ができ上ると、こんどはその中から、生産的肉体労働の蔑視、製作本能の「汚染」ということがおこり、そして、それに代って、金銭的見栄、名誉、威信といったような自己本位の外向的略奪的性癖の高揚がはじまってくる。このようにして人類社会は、未開文化から野蛮文化の状態へと推移する。ヴェブレンは、このような歴史的推移をつぎのように説明する。

「財産が略奪をよびおこすか、それとも略奪が所有権を生み出すかのいずれであるかを問わなくても、金銭的文化の初期の段階にあらわれる状況は、どこでもまったく同じである。また、このような状況が製作技術の進歩にたいしてもつ因果関係も、まったく同じである。所有権の発現とともにもたらされる製作技術と金銭文化とのこのような関係は、二重の関係である。もしくは、それは相互的交換の関係であるといった方がよいかもしれない。産業技能の十分な進歩にもとづく産業効率の増進は、財産所有権を発生せしめ、また、人間や事物、職業や生産物、習慣、習俗、慣行、儀式、労務、財貨の金銭的評価を生み出す。それと同時に、略奪や戦争の功名は、その初期の歴史を通じて、所有の事実と緊密にむすびついているために、自尊心の際立った強調がつくり出される。それは、利己心が、人間の理想や希望のなかの公共の福祉にとって代るという、経済的に重要な結果をともなう。[9]」

そのような社会はもはや平和な母系社会ではなく、家父長的独裁的指導者のもとでの戦闘的な組織となる。

「その社会は、必然的に、つぎのような諸制度をともなう家父長的体制となる。個人の手中への富のいちじるしい集中、多くのばあい動産奴隷と農奴とをともなう富や社会的地位の大きな不均衡、市民的、政治的、宗教的な目的にも役立つような家父長的、独裁的指導者のもとでの戦闘組織、女子供のある程度の服従と、普通、家父長的な上級支配階級にとっての一夫多妻制をともなう同じ型の家族制度、一神論ないしは君主制の性質を有し、家父長的独裁制の線に沿った宗教制度などがそれである。……そのような文化は、明らかに、はっきりした略奪的な事業の点でも、比較的平和な金銭的な事業の点でも、成功を収めるのに適している。[10]」

それは結局、専制君主制ないしは封建制度の社会であり、初期の旧約聖書時代もしくは古代や中世の東洋に、もっとも典型的な形であらわれていたものと考えられる。つまり、アッシリア、バビロニア、メード、ペルシア、ヒンドウ、ヒクソス、イスラエル、フェニキア、フン、モンゴール、タタール、アラブ、トルコなどの諸国の社会形態がそれであった。

近代的西欧文明

西欧諸国においても、中世期には明らかにこのような社会形態があらわれていた。それは明らかに略奪的金銭的特徴をともなっていた。しかし、西欧の近代文明は、東洋的独裁制とは、よほど異なっていた。それは、それほど好戦的ではなく、むしろ、かなり平和的であった。そこでは、ある程度、平和的な製作本能の隔世復帰がみられたという点で、決定的な金銭文化の略奪段階から区別された。

「西欧文明は、このようなつよい略奪時代を経過しており、そして、その制度と理想の秩序のなかや、その家族制度と公共の事柄のなかや、またその技能と宗教のなかに、つねにいちじるしい略奪的観念の混合物を示してきたが、しかし結局、つぎのようにいうことができるようにおもわれる。それは、少なくとも暗黒時代の末期以後には、このような文明を、金銭文化の決定的に略奪的な段階から区別するはっきりした特徴は、この文明の指導力となったひとびとが絶えずそれに立ち帰ったところの、平和的技能の根づよい追求であった、ということである。[11]」

西欧のキリスト教国の国民は、中世暗黒時代には、明らかに略奪的、隷属的な制度をもっていたが、中世末期以後においては、主として土地から成り立つ確実な財産権を基礎として、安定した準平和的状況に移っていった。このような推転は、手工業、小規模企業および工業都市の発達にともなっておこった。これが、いわゆる「手工業時代」である。手工業制度のもとでは、製作本能が再びかつての名誉ある地位を回復する。略奪的封建制度と、隷属的な農業組織が衰退し、それに代って手工業制度が発達するとともに「製作本能がもう一度前面にあらわれてくる。」

手工業時代は、一般的には、もちろん金銭的見栄と営利主義の時代に属している。したがって、そこでは産業的効率は、つねに金銭的利得を基準として評価され、製作者気質（workmanship）は、商売人気質（salesmanship）によって測られる。しかし、この時代においては、中世紀の純然たる商業資本の時代に比べて、製作本能と産業技能とが再び高く尊重されるようになり、宗教的畏怖はしだいに後退した、とヴェブレンはいう。

「固有の意味の略奪段階が結局、同じ金銭文化の商業的段階に席をゆずるに至った西欧においては、この点における事態の一般的動向は、略奪的（強制的）準則がつねに支配しているかぎり、知識、技術および製作者気質が衰退するということであったけれども、しかし、それは間もなく、技術的効率や科学的見方の緩慢な回復と進歩をもたらした。それは、このような文化の商業化の進行とほぼ比例しており、したがってまた、一般的にいえば、宗教的畏怖の衰退とむすびついていた[12]。」

このようにして、この段階において再びよみがえった製作本能の負担者は、手工業もしくは小規模商業（small trade）に従事する中産階級である。元来、金銭文化には、上流、中産および下層の三つの階級の分化がみられる。上流階級は、富の所有者であり、そのために勤労的な生産活動から免除される「有閑階級」である。その反対に下層階級は、本来の製作本能の保持者であり、有用な生産労働に従事する勤労者である。その中間の中産階級は、ある程度の富の所有者であると同時に、ある程度の勤労精神の保持者でもある。これらの上、中、下の諸階級にたいして、それぞれ略取（predation）と営利（business）と勤労（industry）が対応する。

近代の西欧文明における手工業や商業の推進力は、このような中産階級であるが、かれらは中世的な金銭文化の特徴を保持すると同時に、未開文化の特性としての製作本能の復活と再現とを体現している。この点で、手工業中産階級は、いわば二重性格をもっている。

「手工業制度によって与えられる習慣的なものの見方や傾向は、二重の性格——技術的と金銭的な性格——をもっている。手工業者というのは、かれが使いこなしている道具をもって働き、また当時の日常の思考習慣にとって周知のこととなっている秘密を有する機能過程をつかって、機械作業に従事する職人である。しかし、手工業者は、手工業時代の端初以来……多かれ少なかれ商売人でもあった。かれは、なんらかの形の市場と緊密な関係をもっており、そして、製作者としてのかれの熟練は、生産物や労務の製作者らしい出来ばえに劣らず、それらのものの売れゆきによって、毎日、実際の試錬にさらされる。[13]」

「手工業経済のもとでの日々の生活の規律は、製作者の訓練であるとともに、金銭的自助の規律でもあった。完全な手工業者は、一般の理想の点でも、実際の事実の点でも、かれ自身の金銭的利益を維持する慧敏な個人的熟達を基礎とすると同時に、訓練された製作者気質に立脚している。[14]」

ヴェブレンはこのようにいっているが、われわれは、そこに、かれが、おそらくウェルナー・ゾンバルトの衣食主義（Nahrungsprinzip）と営利主義（Erwerbsprinzip）との二元論の影響のもとに、手工業ギルド制度を、かれ独特の仕方で理解していることをみるのである。

資本主義制度

しかしながら、このような密月は長くはなかった。その後、経済と技術がさらに進歩し、小規模商業をともなった手工業がいっそう発展して、機械制産業に成長するとともに、製作《ワークマ》者気質《ンシップ》と販売者気質《セイルスマンシップ》との調和と融合は破れ、この両者は互いに乖離し、後者が前者に優越する状態があらわれてきた。

手工業ギルドとむすびついていた小規模な商工業者は、取引量の増大とともにしだいに富裕となり、広範な家内工業（苦汗制度）を組織するようになる。かれらはやがて仲買人(jobbers）となり、さらに商業貴族（commercial princes）や金融業者（financiers）となって、ますます固有の手工業生産過程から遠ざかる。かくして、財貨生産の技術過程からはなれて、もっぱら企業の金銭的経営だけに献身する真の意味の企業者が生み出される。

「手工業時代の末期には、親方は、典型的なばあいには、熟練労働者の雇主であり、かれ自身の仕事場の監督である。しかし、かれらはしばしば、手工業で働くことをまったく止めてしまい、その全体の注意を、産業の営利的側面にそそいだ。これらの名目上の手工業の親方は、事実においては、仕事と肉体的な接触を保っていない単なる商売人、産業の将帥、企業者であった。[15]」

「かくして手工業の機能の中から、技術の規模と効率の増進を通じて資本主義があらわれた。そして、このような資本主義体制によって与えられた地盤の上に、その産業の将帥と大金融業者の力によって、一五、六世紀のヨーロッパの経済的運命を左右した営利企業の時代があらわれた。[16]」

このような製作精神と販売術、技術者と企業者の乖離は、営利企業が産業革命を経て、機械制産業へと発展するとともにいっそう歴然となった。この時代において、生産過程の機械化がますます広範複雑となり、また資金調達や製品販売の機能もますます専門化するにしたがって、企業の技術過程を担当する経営者と、その金銭的管理に当る企業者とのあいだに機能分化が生じ、後者がいっそう高い指導的地位に立ったことは当然であった。

「機械制産業の出現とともに、このような効率の金銭的評価は新しい推進力を獲得し、技術にたいしても、営利企業にたいしても新しい影響をあたえる。機械制産業は手工業に比べて大規模である。それは、職人気質と商売人気質とのあいだの比較的広く、またきびしい分業をともなう。このような近代的な産業体制に適用された大所有制のもとでは、製作者はもはや産業企業の金銭的経営の責任をもたない。他方、大所有制と広範な事業関係という同じ条件が、企業者にたいして、工場とその技術過程にかんする直接の監督は他のものにゆずり、かれ自身は、会社とその取引の金銭的管理だけに専念することを要求するようになる。[17]」

機械制産業が大規模に発達するとともに、企業者は機械体制の技術過程を管理することがますます困難となり、結局、自分に代って機械過程の世話をする専門家を雇わねばならなくなる。「能率技師」といわれるものがそれである。しかしながら、企業経営の創意や決定権をもつものは、あくまで生産手段の所有者たる企業者もしくは、その背後にある金融資本家であって、直接、産業経営の衝に当る技術者ではない。したがって、技術者に要求される効率は、あくまでも「金銭的効率」であって、物質的、産業的効率ではない。職人気質や製作本能は、営利主義によって「汚染」される。「製作者気質は商売人気質によって浸透せられるようになり、おしまいには、術策、鉄面皮、遁辞などが効率の標準として役立つようになる。そして不労所得が生産性の尺度としてうけいれられる。[18]」

つまり、ヴェブレンは近代的資本家を、例えばマックス・ウェーバーのように、勤労的、生産的な生産者層とみずに、例えばルヨ・ブレンターノのように、あくまで営利的、金銭的な略取者と考えていたのである。

一般に、資本主義体制のもとにおける生産技術のいちじるしい進歩は、産業の生産性を高め、それによって社会福祉の向上に貢献したものと一般に信じられている。しかし、ヴェブレンは、近代資本主義の本質を、あくまでも、近代化された営利主義とみることによって、それが、社会福祉の向上をもたらすことは、むしろ「偶然的」なことであって、多くのばあい、それは、かえって真の意味の社会的進歩の障害となっている、という。

「現代の産業上の事柄にたいする創意や決定権は、産業工場の所有者、もしくは工場所有者にたいして引受け関係に立っている金融関係者のものである。そのような決定権は、金銭取引を通じて行使される。そして、産業行動を指導し、支配するこのような金銭取引は、価格を基準として利得をえようとする意図をもっておこなわれる。産業の進路を支配するそのような取引は、金銭的利得だけに着目しておこなわれる、といってもたいして誇張ではない。——産業的な帰結や社会福祉にたいするその関係は、企業取引にとっては偶然的な事柄にすぎない。日常の言葉でいえば、現行の技術や営利原則の準則のもとでは、産業は営利の目的のために企業者によって経営されるのであって、それは、技術的専門家によって、または社会の物質的利益のために経営されるのではない[19]。」

このように企業がもっぱら価格を基準とする最大限利潤の獲得を目標として経営されるかぎり、それは、社会の物質的福祉を基準としてみたばあい、必ずしもその福祉の増進にたいして積極的な貢献をおこなうとはかぎらず、むしろ種々の弊害や不効率をもたらすことは当然であるが、この点については、ヴェブレンは後に『技術者と価格体制』(*The Engineers and the Price System*, 1921. 拙訳、未来社、一九六二年)において、詳論した。また、ヴェブレンのみるところによると、このような企業者、金融業者もしくは不在所有者による産業支配は、ほかならぬアメリカにおいて、もっとも典型的にあらわれていたと考えられるが、この点をいっそうふかく究明することは、まさにかれの最後の著作である『不在所有者制』(*Absentee Ownership and Business Enterprise in Recent Times: The Case America*, 1923.) の主要課題であった。

『製作本能論』は、ヴェブレンが「製作本能と労働の嫌忌すべき性質」(一八九八年) という論文をかいたとき以来、ずっと心にいだいていた問題を、徹底的に追求し、体系的にまとめたもので、前著『有閑階級の理論』および『営利企業の理論』とともに、かれの三部作のひとつを形づくるものであった。この書物については、ヴェブレン自身も多大の自信をいだいていたようで、後に執筆を止めるようになってから、「これは自分の唯一の重要な書物だ、」といっている。[20]

この書物も、そこに示された著者のふかい思想と、該博な知識によって、ひとびとを驚かした。アルヴィン・ジョンスン Alvin Johnson は「政治学季報」(*Political Science Quarterly*) の書評のなかで、こうかいた。

「諸君は、この書物をよめば、著者の本当の知性的な能力にたいする讃嘆の念をいだかずにはいられないであろう。諸君の讃嘆は、かれの文体にも及ぶであろう。それは、いかにも難解であり、手がこんでいる。諸君は、かれが、シラブルの多い言葉や、深遠な言葉を、刀を呑みこむ奇術師の早業のように、やすやすと操ることに舌をまくであろう。そして、諸君は、かれの文体が伝染病のように将来の社会哲学者のあいだに普及しないことを祈るだろう。」

しかし、フランク・タウシッグ Frank H. Taussig は、ヴェブレンの書物の直後に出版された『発明家と金儲けをするひと』(*Inventors and Money-Makers*)という書物の中で、ヴェブレンの書物について、「かれの筆になるすべてのものと同じく、輝かしく、また独創的なもの」という讃辞を呈すると同時に、その結論にたいしては、はっきりと疑問を示した。かれはいった。

「もしも、重役や支配人のように、信託の義務を負っているひとに課せられた信頼が、つねに、至るところで濫用されていたならば、委託経営の全組織はとっくの昔に崩れていたであろう。」「相互依存性と、公共心をもつ行動を自然に是認する一般的な感覚の微妙な影響のもとでは、普通の金銭取引のなかにも、一般福祉にたいする大きな尊敬を期待することができよう。[21]」

1) 人間の本性にかんするヴェブレンの思想は、同時代のウイリアム・ジェイムス、ジョン・デューイー、ジャック・レーブ、ウイリアム・マクドゥーガルなどの諸学者によって影響をうけているようにおもわれる。人間性の二つの部類の分け方と、その名称は、マイロン・ワトキンズの示唆によるものである。(Myron Watkins, "Veblen's View of Cultural Evolution," Douglas F. Doud, ed., *Thorstein Veblen. A Critical Appraisal*, 1958.)

2) Thorstein Veblen, *The Instinct of Workmanship and the State of the Industrial Arts*, 1914. p. 25.

3) *Ibid.*, p. 48.

4) *Ibid.*, p. 88.

5) *Ibid.*, p. 41—42.

6) *Ibid.*, p. 94.

7) *Ibid.*, p. 125.

8) *Ibid.*, p. 126.

9) *Ibid.*, p. 160.

10) *Ibid.*, p. 165—166.

11) *Ibid.*, p. 171.

12) *Ibid.*, p. 181.
13) *Ibid.*, p. 210—211.
14) *Ibid.*, p. 211.
15) *Ibid.*, p. 282.
16) *Ibid.*, p. 282.
17) *Ibid.*, p. 344.
18) *Ibid.*, p. 349.
19) *Ibid.*, p. 351.
20) Joseph Dorfman, *ibid.*, p. 324. ヴェブレンは、最後の著作『不在所有者論』（一九二三年）の中でも、「この題目をとり扱っているこの文献—『製作本能論』—は、すべての現代語のなかで、すぐれた、そしてひじょうに広範囲なものである、」とかいている。(*Absentee Ownership*, p. 42—43. n.)
21) Joseph Dorfman, *ibid.*, p. 329.

第七章　第一次世界大戦とヴェブレン

一　二つの帝政国家——ドイツと日本

ヴェブレンは、一九一四年、『製作本能論』を出版した後に、父祖の国ノールウェイを訪れた。ノールウェイの政府は、碩学ヴェブレンに敬意を払って、ノールウェイ鉄道の全線の一等パスを提供した。あるとき、かれは外套を着たままで列車に乗っていると、車掌から外套をぬぐようにいわれた。かれがパスを示すと車掌の態度は急に忝々しくなったという。

その旅行中に、ヨーロッパでは第一次世界大戦がおこった。それは、民族の歴史と文化——ことにイギリスとドイツのそれ——にかんするヴェブレンの学問的興味をはげしくかき立てる機縁となったようにみえた。かれは、一九一四—一五年、ミズウリ大学の「経済的要因」と題する講義のなかで、いつものように、旧石器時代人や新石器時代人の説明からはじめる代りに、ベルンハルディ Theodore von Bernhardi の『ドイツと次の戦争』をとり上げ、著者の北欧人学説を批判し、なぜドイツは戦争に勝てないか、なぜアメリカは参戦しなければならないか、などを論じた。前学期にも講義をきいた学生たちはひじょうに驚き、ヴェブレンは新しい著述を手がけているにちがいないとおもった。事実はその通りであった。かれは、その頃、かれ独特の歴史哲学によって、ドイツ文化史批判を執筆していた。それは数カ月という驚くべき短期間内に完成された。それがヴェブレンのもうひとつの傑作である『帝政ドイツと産業革命』（*Imperial Germany and the Industrial Revolution*, 1915.）であった。

帝政ドイツ批判

ヴェブレンがこの書物をかいた目的は、「ドイツの産業発展と高い効率を、明らかな運命の論理、神の恩寵、国民の才能といったようなものに頼らずに、自然的な原因によって説明する」ことであった。かれは、それを、製作本能と金銭的見栄、もしくは勤労者と支配的有閑階級というかれ独特の二元論の巧妙な適用によって、見事になしとげた。

ヴェブレンは、本書の最初の二章では、例によって民俗学、人類学、考古学、歴史学にかんする豊富な知識を背景として、ヨーロッパの諸種族や国家の興亡、近代産業と国家との関係、本書の論述の基礎となっている若干の基本命題——例えば、文化の借用、先進国のハンディキャップなど——を論じる。しかし、第三章以下では、それぞれの国の自然的、社会的条件との関連における近代産業の発展過程を追求し、それぞれの特質を究明することが企てられる。そのばあい、主要な目標は、侵略的なドイツならびに日本の国家的興隆を解明する鍵をみいだすことにあるが、それに関連しイギリスならびにアメリカ資本主義の発展の輝かしい素描が与えられている。

本書でも、かれの言葉は、例えば「学問の樹木の上枝にとまる美しい羽根の鳥」といったような愉しい機知から、「われわれは、毛皮をかむった獣との約束は守らない」といったような鋭い皮肉に至るまで、生き生きした諷刺や批判にみちみちている。国についてもそうである。ドイツについては「人民の自由の理想は、命令にしたがうことの許可となった、」「條虫とその主人との関係は、言葉では到底美化することができないようなものである、」「帝政国家は、人間の親切心のミルクに浮べておくことはできない、」などという。イギリスにかんしては「今日〔一九一五年〕のイギリスは、その貴族の数の点でも、単位当りの経費の点でも、キリスト教世界の指導国である、」「上流のイギリス紳士は、結局、普通にみて同じ位の身分のドイツ人の経費の数倍の費用がかかっているといっても、おそらくいい過ぎではあるまい」などとかく。また、イギリスと同じくアメリカについても「無駄な消費の技術は大規模で、手がこんでいる。その業績は、人間の創意や努力の記念碑のひとつである。アメリカには、生産の技術と同じように、それ自身の勝利の女神や英雄がある」という。

しかし、ドイツ資本主義の異常に急速な発展と、その露骨な侵略的性質にかんするヴェブレンの理解は、かれ独特の二元論的世界観にもとづくものであって、けっしてその場かぎりの機知や思いつきによるものではなかった。かれの基本的なテーゼは、イギリス文明の特徴は、製作本能を基礎とする近代産業の際立った発展と、それと並行しての自然法哲学、個人主義、功利主義、民主主義の発達であり、これに反してドイツ文化の特質は、プロシアからうけつがれた半封建的君主制国家と、それを基礎とする重商主義的経済組織であった、ということであった。そのような帝政ドイツは、その近代国家としての発展過程において、どうしても経済的先進国イギリスのすぐれた産業技術を借用しなければならなかった。しかし、そのばあいドイツは、その卓越したプロシア的伝統に反するような制度的厄介もの――近代的民主主義体制――は、うけつがなかった。かれらは、イギリスから借用した新しい技術を、古いゲルマン主義にもとづく帝政国家の上に接穂した。そこに、ドイツの卓越した経済的軍事的な力の秘密があった。そして、このような二つの制度の結合の中から、ドイツの新しい帝政的帝国主義と世界制覇の野望がおこってきた。ヴェブレンはこのように説明した。

「以前におこなわれた以上の規模によるドイツ帝政国家の復興にみちびいた近代的な産業技能の状態のこのような技術的進歩は、ドイツによっておこなわれたものではなく、結局はほとんど大部分、イギリスから借用したものであった。前のところで主張したことは、技術的な点以外のイギリスの風習は、同時にドイツ社会によって摂取されなかったということである。その結果、ドイツは、つぎのような点で、イギリスに比べて異常なものを示すようになった。ドイツは、イギリス人がつくり出した近代的な産業技能の状態の作用を示しているが、しかし、このような近代的な産業技能の状態の成長と時を同じくして、英語国民のあいだに成長した一連の特徴的な制度や信念を示してはいない。ドイツは、近代技術の発展についてのイギリスの経験の結果と、近代的産業体制があらわれる以前のイギリスにおこなわれていた経験に似たような、別の生活技術の状態とを、総合している。したがって、ドイツ国民は、近代技術の達成にともなう経験によってイギリス社会に導入された思考習慣や風習の代価を支払わずに、イギリスの技術的遺産をとり上げることができた。近代技術は、既製品としてドイツに渡来した。それは、その技術の漸次的な発達と継続的な使用が、その国民のあいだにひきおこした文化的結果をともなうことがなかった。……ドイツのばあいは……このような技術の摂取の迅速さ、徹底さ、豊富さなどの点でも、またこのような摂取がおこなわれたばあいに、同国の文化的装置がなかったという点でも、西欧諸国のあいだに比類がなかった。[1)]」

ドイツはイギリスに比べると、明らかに後進国であったけれども、しかし同国は、そのようなおくれをとり戻すのに役立つような数々の利点をもっていた。その産業の将帥たちは、比較的低い利潤率に慣れていた。かれらは、適当な学問的訓練を有する「部下」の十分な供給をうけた。また、低廉、有能で、しかも割合に柔順な労働力の供給も十分であった。原料として利用しうる自然資源も、比較的安いコストでえられた。ドイツの企業は、イギリスの企業のように「因習の制限や、陳腐な設備や組織」によって悩まされることが少なかった。だから、ひとたびイギリスにおいてすぐれた近代工業が生み出されるとともに、その技術や生産様式を借用することは、いとも容易に実行された。しかし元来、近代的技術の精神は、古いプロシア的帝政国家の伝統とは矛盾するものであった。「このような機械的技術にたいする十分な無条件の没頭にともなう訓練は、帝政国家をつくり上げ、運営することに役立っている個人的な統治体制の制度的基礎を、不可避的に解体させるであろう。[2]」ところが、ドイツのばあいには、そのような近代的技術の外部からの借用が迅速であったことと、ドイツ自身の古い制度がきわめて強固に温存されていたために、そのような制度的分解はおこらなかった。ここに、帝政ドイツの経済的軍事的強さの根源があるのであり、したがって、現在のドイツは、そのような個人的統治体制の延命と執行猶余のために懸命となっているのである。ヴェブレンはそのようにいう。

「このような産業体制はやがて、国家の基礎を掘り崩す。だから、プロシア的帝政国家が、ドイツ領土の攻撃的防衛に当って懸命となっていることは、結局、個人的統治の執行猶余のようなものである。[3]」

帝政ドイツ国家の本質にかんするこのような考え方は、第一次世界大戦当時のドイツについて、まさにぴったりと当てはまったばかりでなく、第二次世界大戦当時のナチズムについても、同じように的確に妥当する考え方であった。ナチズムは、「ユンカーと資本家との強力な同盟が、封建制のもっとも反動的かつ軍国主義的な特徴と、いちじるしく起動的な資本主義的経済力とをむすびつけた[4]」ことによって成立したものと考えられるが、それはヴェブレンが、実際にナチズムが擡頭したときから十八年も前に、実に的確に予告したことであった。いや、それればかりでない。かれは、二十世紀の独裁者アドルフ・ヒットラーのような人格の出現をさえ、見事に予告していたようにみえた。われわれは、かれの次のような文章をよむとき、いまさらながらヴェブレンの学問的洞察の鋭さに感嘆しないわけにはゆかない。

「気分上、常軌を逸しているひとや、特殊の階級的因習の訓練をうけ、特殊の階級的利害によって偏見を与えられているひとは、容易に好戦的な事業の長所をみとめ、国家的憎悪の伝統を守ってゆくであろう。愛国主義、海賊行為および特権階級は、共通の問題に集まる。たまたまこのような性格の気分上の傾向をゆたかにもっているひとが、同時に、野蛮な誇大妄想狂の発作に好都合である状況におかれ、またかれの特異質を力づけるような無責任な権威や、大きな特権の地位に立たされるようなことがあると、かれの性癖は、容易に世間の人気を集め、流行のようになる。そして、それがある程度、持続し、巧みに操縦されると、それは、きわめてひろくうけいれられ、結局、一般人民を熱狂的な好戦的心理状態におとしいれるであろう。そのようなことは、帝政的戦略を基準とする歴史的伝統を有し、また強制、特権、忠誠心などの線に沿ってつくられた日常の制度をもっているような国のばあいに、とくにおこり易い。[5]」

「日本の機会」

『帝政ドイツと産業革命』は、主としてドイツの社会構造の特質を究明することを目的としたものであり、ヴェブレンは、それを、近代的機械的な産業技術とむすびついた半封建的君主政体と規定したのであるが、しかし、かれのみるところによると、そのような社会の構造的特質は、ドイツのばあいよりも、むしろ日本のばあいにおいて、いっそうはっきりとあらわれていたと考えられる。[6]

ヴェブレンのみるところによると、

「明治の変革もしくは『維新』によって樹立された政府は、若干の貴族の徒党からなり立ち、地主階級の忠実な家来によって支持される自治的、互選的官僚組織の性格をもつものであり、それらの地主階級の家来が、排除されたサムライと異なるのは、貴族的忠誠心や、本質的に寄生的な生活の点ではなく、むしろ日常の職業の点だけである、」[7]と考えられる。ミカドの名において行政事務をとるこのような官僚組織は、その実質的な権限や責任の点で、それがとって代った幕府と少しも変っていない。国王の権力は、一八六八年以前の制度のばあいとまったく同じように「なにもしないひと」（fainéantise）の性質をもっている。もちろん、このような「神である統治者」は、官吏や人民大衆を、魔術的、超自然的に動かすような特殊の権威的な道徳的感化力をもっている。しかし、このような魔術的支配を別にすれば、王位にあるものは、国事にかんして、なんらの創意、選択、推進、指導もしくは抑制の力を発揮することはない。「権力は、忝々しく育成されている天皇制の擬制の仮面のもとに――みずから任命し、みずから権限を与える貴族の内閣の手に握られており、勧告権限をもつ議会の勧告はうけるけれども、その協賛をうけることはない。[8]」

このような官僚的支配機構は、いまなお「古い日本精神」によって動かされている。そのような機構がそれに依存している民衆も、やはり同じような封建的精神によって支配されている。したがって、「新しい日本」が「古い日本」と異なるのは、物質的な手段、技術的装備、技術的知識などにかんしてだけである。なるほど、明治維新は日本の社会的経済的諸制度の表面的な再組織や修正をもたらしたことは事実である。しかし、それはごく最近のことであって、それによって古い封建主義の道標をとり除いたり、いまなお上級官僚の国内政策や外交方針をみちびいている隷従的、貴族的な偏向を弱化させるだけの時間的余裕がなかった。日本国民の力の源泉は、まさにこのような「封建的忠誠心や騎士的な名誉心の高邁な精神と、近代技術によって与えられた物質的効率との独特の結合」[9]の中にある。

実際、日本人は、明治以後、異常な速度で、西欧諸国の技術的知識や自然科学によって与えられた各種の産業的手段を摂取し、吸収してきたが、しかし、それらの技術や科学にたいするかれらの習熟は、ごく表面的なばあいを除き、国民のものの見方や確信には、あまり影響をおよぼしていない。外部からの借用物は、日本古来の制度的組織、倫理的価値、伝統的行動原理などを武装解除させはじめてはいない。

これらの点で、ドイツの近代化過程も、いくぶん日本のばあいと似たところがある。ドイツ国民もまた、比較的最近に、中世主義から近代的な産業ならびに科学体制への推転をとげながら、やはり中世の奴隷的、貴族的精神の多くのものを、現在の無責任な官僚主義的な帝政状態の中にもちこんだ。しかし、かれらの達成の程度は、日本の驚くべき勝利には到底およばない。

しかしながら、日本の民衆は、西欧の産業技術を円滑にとりいれればいれるほど、西欧文化の特質を形づくると同時にその欠点ともなっている特殊の思考慣習に陥ることを避けることができないであろう。もともと、近代的な産業制度、価格体制、営利企業、衒示的消費などによって課せられる条件のもとでの生活は、よかれ悪しかれ、中世主義の前提とは相容れないものである。だから、日本の民衆が西欧の科学や技術を消化し、その精神内容を吸収するにしたがって、「古き日本精神」はしだいに消滅するであろう。その伝統の残り糸は、なおいくぶん新時代の衣服の裾にまつわりついているかもしれないが、しかし、それは、国家政策に役立ちうる資産としては、噺話以上の価値はもたないであろう。

それゆえに、世界の国家政策の舞台における恐るべき勢力としての帝政日本の機会は、おそらく、日本が西欧の産業技術を獲得するときと、その結果として、キリスト教国民がもっているような、生活にかんする唯物論的、商業的、浪費的概念に、徐々に、しかし不可避的におちいるときとのあいだの歴史的間隙のなかにあるであろう。しかし、そのような「歴史的間隙」は、けっしてひろくない。封建的忠誠心と、近代技術とのユニークな結合の結果としての日本国民の能力が絶頂に達するのは、それほど遠い将来のことではない。

「ひとつの政治的もしくは好戦的勢力としてのその国民の正味の効率の絶頂は、なお将来のことであるけれども、それは少なくとも、数えうるほどの将来のことであるようにおもわれる。[10]」

そのあいだが、日本の最後の機会である。ヴェブレンはそのように考え、そして日本が近い将来に、そのような機会を利用するために、「盲目的な突進」を敢てするであろうことを、まことにおそるべき洞察をもって予告したのである。

「それゆえに、この君主国の政府は、問題を首尾よく（帝国主義的に）解決するためには、その用いうる一切の力を、残りなく、ひとつの盲目的な突進のなかに投げいれねばならない。……というのは、ことの性質上、この種の好機は、二度と望むことはできないからである。[11]」

この『帝政ドイツ』は、当時のアメリカの社会から奇妙な相矛盾した仕方でうけいれられた。頑固な連合国側のひとびとにとっては、それはあまりにも公平でありすぎるようにおもえた。この書物がイギリスの紳士を無駄遣いの最高の花として註釈したことは、あまりにも非友好的にみえた。一方、ドイツの大学で教育をうけたウォーター・ワイル Walter Weyl のようなひとにとっては、本書はドイツ「文化」にたいして、あまりにも敵対的であり、それを主張するヴェブレンは、あまりにも愛国主義的な連合国側の知識人であるようにおもえた。ことに日本が連合国側に加わるとともに、典型的な帝政国家としてのドイツと日本との類似と結合を説いたこの書物は、アメリカ政府の宣伝部にとって不都合なものとなった。戦時中、アメリカの郵逓省長官は、この書物を「治安破壊的」とみなして、その郵送を禁止した。

しかし、この書物がヴェブレンの傑作のひとつであることは、多くのひとの一致した意見であった。グレアム・ワルラス Graham Wallas は、「クォータリー・ジャーナル・オヴ・エコノミックス」のなかで、この書物を社会学的著作とみなし、ヴェブレンを天才とよんだ。「もしも誰かがいままでにあらわれている四冊の書物を（索引をつけて）まとめて『ヴェブレンの秘密』をかくならば、世界の諸大学におけるヴェブレン教授の地位は確定するであろう。」かれはそうかいた。この書物の一九三九年版にすぐれた序文をかいているジョセフ・ドーフマンは、「この書物はヴェブレンがかいたもっとも立派なドラマである」と書いた。

第二次世界大戦がおこると、この書物の価値はますます高まった。それは、あたかもこの戦争のためにかかれたものであるようにおもわれた。アメリカの戦時情報局は、この書物を反独宣伝のために利用した。ローズヴェルト大統領の片腕であったヘンリー・ウォーレス Henry A. Wallace は、一九四〇年に「それはおそらく、いままでにかかれた現代ドイツにかんするもっとも鋭い分析であろう、」と書いた。

1) Thorstein Veblen, *Imperial Germany and the Industrial Revolution*, 1915. p. 85—86.
2) *Ibid*., p. 270.
3) *Ibid*., p. 271.
4) Paul M. Sweezy, *The Present as History*, 1953, p. 224—225.
5) Thorstein Veblen, *Imperial Germany*, 1915. p. 60—61.
6) ヴェブレンは、この点を、『帝政ドイツと産業革命』八六ページの註で指摘し、さらに "The Opportunity of Japan," 1915. および "Japanese Lose Hope for Germany," 1917. という二つの論文で詳論している。(Thorstein Veblen, Leon Ardzrooni, ed., *Essays in Our Changing Order*, 1934. III. War Essays.) なおこの問題については、H. T. Oshima, "Veblen On Japan." *Social Research*, November 1943. vol. 10, No. 4. がある。
7) Thorstein Veblen, *Essays in Our Changing Order*, 1934. p. 250.

8) *Ibid.*, p. 250—251.
9) *Ibid.*, p. 251.
10) *Ibid.*, p. 265.
11) *Ibid.*, p. 266.

二　平和の意味

『帝政ドイツ』が出版されたのは、戦争の初期のことであったが、その後ヨーロッパの戦局が進展するとともに、しだいにアメリカの参戦が不可避の情勢となった。一九一六年末にはヴェブレンは、アメリカがウイルスン大統領の「名誉ある平和」の政策の指導のもとに、近いうちに連合国側に参加せざるをえなくなるであろうことを、はっきりと認識していた。ヴェブレンはスカンディネヴィア諸国の新聞をうけとっていたために、ドイツから漏れてくる多くの情報を集めることができた。かれは、アメリカの参戦を切望し、ウイルスンが不可避的な措置をとることがおそいことにいらいらしていた。左翼の自由主義者たちは、ヴェブレンがアメリカの参戦につよく反対するものと思っていた。だから、マックス・イーストマンは、ある日、ヴェブレンを、ニューヨーク、パーク・アヴェニューの自宅での反軍国主義の会合に招いたが、かれは晩餐のときも、集会のときも、政治問題については一言もしゃべらなかったといわれる。

一九一六年末、ウイルスンが大統領に再選されるとともに、アメリカの参戦の気配がますます濃厚となった。ヴェブレンは、急いで、新らしい書物の執筆にかかり、一日一、〇〇〇字の割合で、その執筆をすすめた。それは、アメリカの参戦の直前に出版された。それが、やはりヴェブレンの主要著作のひとつとして、今日も読まれている『平和の性質』(Thorstein Veblen, *An Inquiry into the Nature of Peace and the Terms of Its Perpetuation*, 1917.)であった。

この書物の目的は「一般に、平和をつくり出し、それを維持することを望みうる条件はなんであるか。もしも、近い将来に、これらの必要な条件の実現をもたらすことができるようなものが、現在の状況のなかにあるとするならば、それはなんであろうか。このような一般的平和の設定から、近い将来にいかなる帰結がみちびかれるか、」を明らかにすることであたっ。ヴェブレンは、この書物の中で、近く生れ出ようとしている平和条約と国際連盟の将来の歴史を予測し、そして、永久的な「平和連盟」たるべきものの計画と条件を詳細に論じた。それは前の『帝政ドイツ』と同じように、多くの点でふかい洞察と的確な展望をふくんだ書物であった。

ヴェブレンは、営利企業体制とむすびついた帝政的愛国主義が将来における最大の平和攪乱の要因であることを指摘し、したがって、そのような要素を典型的にふくんでいるドイツと日本は、依然として将来の戦争のマッチ箱となる可能性があるという。

「ドイツ帝国と日本帝国は、ことの性質上、結局、平和を攪乱する傾向がある。[1]」

「この両国は支配の傾向をもっている。そしてかれらが狙っている支配は、戦争によるのでなければえられそうもない。だから、この両国は、いやでも応でも、結局、戦争企画に熱心となる。[2]」

「これらの二つの帝国が存在するかぎり、いかなる平和条約もすべて不安定なものとなるであろう。それは、かれらのうちの一国もしくは両国が、そのような条約の当事者であってもなくても、同じことである。[3]」

「ドイツはいまでも帝政国家である。すなわち、その国家制度は結局、国民をこきつかう自己任命的で無責任な独裁制である。……人民は自己犠牲と献身の精神に染まっている。……支配をもとめることは、帝政国家の本性である。それは、その性格の全体である。……帝政組織というものは、それと関係をもつすべてのものの無条件降伏による以外は、平和を維持するいかなる機会をももたない。[4]」

もっとも、このようなドイツ国民の封建的忠誠心は、平和体制、産業発展、自治政体、自由貿易制度などのもとでは、しだいに陳腐化し、弱体化する。そして、そのことがドイツの帝政的帝国主義を中絶させる要因となるであろう。しかし、そのばあいでも、日本は依然として強力な帝政国家として残るであろう、とヴェブレンはいう。

「だから、仮にドイツ帝国が除去せられ、平和化されたとしても、なお日本政府が残るであろう。日本政府にたいしては、日本の帝政は少なくともいままでは、人口、産業もしくは原料の形で、有力な資源を支配していなかったという点を除き、ドイツのばあいに当てはまったすべての議論が、そのまま当てはまった。[5]」

それでは、このようなドイツと日本の帝政的野望の地平線のなかで、いかにして平和を維持することが可能であろうか。そこには誰がみても明らかな二つの選択があるだけであり、それ以外の第三の道はない、とヴェブレンはいう。その選択というのは、ひとつは、その他の諸国の、そのような強国の支配への隷属ということであり、もうひとつは、これらの二つの帝政国家の絶滅ということである。それ以外の妥協や友好的解決の中道は、とうてい考えられない。それでは、そのいずれを選ぶべきであるか。それは、もちろん後者の道である。

「帝政的支配計画にたいする無条件降伏の計画による世界平和の急速な解決の見透しは、これらの近代的国民〔民主主義国〕が、その正しく誠実な生活についての既存の理念が危険に頻するばあいに示す頑強な精神に鑑がみるならば、とうてい見込みがない。[6]」

「このような諸力の結合〔帝政国家にたいする封建的忠誠心と、営利企業との結合〕が支配するかぎり、平和を攪乱する勢力としてのドイツの除去による以外は、平和の見透しはえられない。[7]」

ヴェブレンは、このようにいい、第一次世界大戦後の世界平和を維持する方策として、つぎのような四つの具体的措置を提案する。

(一) ドイツおよび日本政府の完全な敗北

(二)　ドイツおよび日本社会の根本的、革命的変革

(三)　アメリカにおける――もしくはウイルスン自身の精神における――帝国主義的傾向にたいする中期ヴィクトリア朝的民主主義の勝利

(四)　非工業化地域にたいする協力的、均衡的開発計画

ヴェブレンのものの見方と、平和のための提案は、明らかに反ドイツ的であり、民主主義的なものであった。だから、急進的立場のひとたちは、ヴェブレンの解釈はかれの愛国主義的偏向を示すものであり、その知性上の盲点を暴露したものであるとして、かれを非難した。しかしながら、そのような非難は、けっして正しく的を射ていなかった。ヴェブレンは、「威信にかんする党派的連帯感」としてのアメリカ的な愛国心にとらわれていたのではなかった。かれは、平和の条件として、ドイツと日本の民主化を要求すると同時に、アメリカ自身の「中期ヴィクトリア朝民主主義への復帰」を要請していた。

それは、ヴェブレンは、戦争と征服の動機として、帝政的野心と相並んで、営利企業の動機を十分に重要視し、この二つのものは公共の利益に反するという点で、少しも異なることはないことを十分にはっきりと認識していたためであった。かれのみるところによると、国

際平和の攪乱要因となるという点では、「帝政国家の好戦的な拡大と、紳士投資家の支配層に属する金銭的利益の不労増加とのあいだには、たいした区別はない、」と考えられた。

「擬似的な帝政的威厳をもたない形式上の民主主義国も、貿易や投資の国家的差別の点では、いっそう好都合な地位に立っているわけではない。アメリカ共和国は、明らかに民主的共和国の典型的な形の経済政策として比較されるであろう。一方では、フランスやアメリカのような共和国によっておこなわれる経済政策と、他方では、立憲君主国のなかのもっとも近い対応物とのあいだには、ほとんど選択の余地はない。[8]」

「アメリカ人がそれ〔平和をまもるための協定〕を促進する上に、積極的な役割を果すであろうことは、事実、はじめからきまったことである。しかし、疑問は、かれらが果して、その国の平和をまもるのに必要な協定にみちびくような道をとるか、どうか、ということである。……ことによると、企業者階級が、議会での他の代表者を通じて、軍備の拡張や、武器弾薬の見込み需要や、国庫支出の増加などをともなわないような平和条約は、承認しない、というようなことがおこるかもしれない。[9]」

もともと、平和的な製作者精神の世界と、略奪的な営利企業体制との基本的二元論の上に立つヴェブレンにとっては、最後の選択は、「価格体制とその附属物たる営利企業が崩壊し、死滅するか、それとも平和な国民が、戦争の立場にたち帰り、その所有者にたいして、武力によって所有権を維持せしめるという犠牲を払って、金銭的な法律秩序の体制を保持するか」の選択であった。現在のような金銭的法律秩序を、所有権や投資のあらゆる附属物とともに維持することは、平和と安全の非戦争状態とは両立しない。金銭的秩序を維持するならば、平和の永続は望みえないし、平和の永続を希うならば、企業者は最初から、財産権と価格体制の後退ないしは窮極の廃止を覚悟しなければならない。「この線に沿っての希望にみちた端緒は、市民のあらゆる金銭的権利の中立化（neutralisation）である。」[10] ヴェブレンはこのようにいうのである。

これらの点では、ヴェブレンは明らかにかなり急進的であった。だから、保守的な「ノース・アメリカン・レヴィユウ」は、この書物について、次のような書評をかいた。

「ひとびとは、ヴェブレン氏の論議の最後の段階に至ってはじめて、全体の仕事が結局、現存の社会秩序の手痛い批判であることに、はっきりと気がつくであろう。しかし、いちばん低くみても、ヴェブレン氏の分析は明快であり、かれの警告は正しい狙いをもっている。」[11]

この書物は最初はたいして売れそうもなかった。だからヴェブレンは、それを出版してもらうために、マクミラン社に七〇〇ドルの保証金を支払わねばならなかった。しかし、実際には、それは『有閑階級の理論』に劣らず好評を博し、ヴェブレンは再びひとびとの注目をひく形となった。

ヴェブレンが、この書物のはじめの部分をかいたのは、戦争がますます激しくなっていた一九一六年十二月のことであり、中頃のところをかいたのは、一九一七年一月のことであった。そして、序文は二月となっており、出版は四月の日付となっている。アメリカがドイツに宣戦を布告したのは、ちょうどその頃である。その翌年の一九一八年一月には、アメリカのウイルスン大統領が、議会教書の形で、平和回復の条件としての「十四カ条」の原則を発表した。ドイツは十月、それにもとづく休戦の申しいれをおこない、十一月に休戦条約が成立した。そして、一九一九年六月に、戦後の世界体制を決定したヴェルサイユ平和条約が調印された。その間に、国際政治の舞台では、ロシア革命、ドイツ革命、日本の大陸発展など、いろいろな出来事がおこったが、その多くのものは、ヴェブレンの見透しが正しかったことを証明した。

そのあいだにヴェブレンの身辺にも、いろいろな変化がおこった。ミズウリ大学でつねに陰となり日向となってヴェブレンを助けていたダヴェンポートは、一九一六年にコーネル大学に去った。もうひとりの親しい同僚であったウォーター・スチューアート Walter Stewart もアマーストへ転じていた。ヴェブレンもほかに転出しようとおもった。かれは最初、「真の大学」に近いとおもわれたクラーク大学に教授の席をえることを希望した。しかし、それは、同大学の都合によって実現しなかった。コーネルのダヴエンポートは、ヴェブレンに、ミズウリ大学とコーネル大学とで一学期づつ講義をしてもらうように骨折ったけれども、これもうまくゆかなかった。

ヴェブレンは、ウイルスン政府の平和計画に自分の考えを役立てたいとおもった。かれは一九一七年十月、ワシントンにいって、「太平洋諸国連盟」、対外投資の国際的統制計画、後進国の経済的浸透の問題などにかんする覚書をかき、また軍事省長官ベイカー、最高裁判事ブランダイス、平和問題調査会のハウス大佐や、ウォーター・リップマンなどに会った。しかし、それらのひとびとは誰ひとり『平和の性質』の著者にたいして、大きな興味を示さなかった。

一九一八年二月になって、かれはやっと食糧庁の統計部に小さな椅子を与えられた。かれはそこで戦時下の食糧問題について調査をおこない、若干の建設的な提案をも提出した。それは、小麦の収穫に必要な労働力を確保するために、平原州のＩＷＷ移動労働者の指導者にたいする告発を中止すること、農村の都市の商人層を排除し、中央集権的なメイル・オーダー制度によって、農家にたいする物資の供給をおこなうこと、家事使用人の雇主には累進税を賦課すること、といったようなものであった。しかし、当時の食糧庁の長官であったハーバート・フーヴァー Herbert Hoover は、そのようなヴェブレンの提案には、まったく耳を傾けなかった。ヴェブレンは、五カ月足らず食糧庁にいただけで辞任しなければならなかった。

しかし、ヴェブレンは一九一八年の秋、雑誌「ダイヤル」の論説委員に迎えられることになった。もともとこの雑誌は、ラルフ・エマスン Ralph W. Emerson によって創刊された進歩的な文芸評論誌であったが、その年に本拠をニューヨークに移し、内容も国際問題や社会問題の評論を主とするものに切り替える方針をとった。そこでヴェブレンは、ジョン・デューイ、ヘレン・マーロット、ジョージ・ドンリンなどの進歩的な思想家とともに、その論説委員として迎えられたのである。かれは、その後、一九二二年頃までのあいだに、主として「ダイヤル」を中心として、労働問題、技術者、価格体制、社会心理、戦争と平和などの諸問題にかんする多くの小論文をかいた。

中でもかれは、『平和の性質』（一九一七年）の出版以後におこったヴェルサイユ体制を中心とする国際政局の発展に絶えず注視しながら、戦争と平和にかんする多くの論説をかいた。それは現在は、『変革期論集』（*Essays in Our Changing Order*, 1934.）第三部「戦争論」のなかに収められている。それらの論文においてヴェブレンがとり上げたテーマは、平和の条件、日本の役割の変化、永久平和への阻害条件としての先進工業国の植民地主義と不在所有者制、国家主権と国境の陳腐化、アメリカの「赤ヒステリー」、反ボルシェビズム戦争、以前の敵国ドイツと西欧諸国の「長老政治家《エルダー・ステーツマン》」とのあいだの反ボリシェビキ同盟などであったが、それらの問題にたいするヴェブレンの分析と洞察は、ひじょうに鋭敏であり、透徹したものであって、現代においてもそのまま当てはまるような種々の貴重な示唆をふくんでいる。

ことにヴェブレンは、一九一七年ロシア革命以後の世界問題の中心点は、アメリカをふくむ資本主義列強が、その帝国主義的特権を保持すると同時に、共産主義を破壊し、もしくは封じこめようとする願望をもっていることであることを、誰よりもはっきりと見抜いていた。そして、アメリカは、そのような世界の反動的結合の中心点であり、指導者であると考えられた。かれは、一九一九年十一月十五日の「ダイヤル」の論説のなかでつぎのようにかいている。

「既成秩序の番人たちのあいだには、明らかにつぎのような意識が強まってきたようにみえる。……同盟国のあいだの既得財産権や階級支配は、それ自身の利益のために、枢軸国の同じような利害と共通の立場をつくらねばならない。……もう三カ月たてばそうなったにちがいないような、すっかり敗北し、めちゃめちゃになったドイツの軍隊組織、同じ三カ月のうちにそうなったにちがいないような、打ちくだかれ空っぽになった帝政制度――ドイツは、このような戦争の結果によって、赤化したにちがいなく、そして、ほかならぬかれら〔既成秩序の番人たち〕自身にたいする苦労の種となったに相違ない。……特権階級の番人である長老政治家たちは、ソヴィエト・ロシアからのボルシェビズムの拡大にたいする防壁として役立つような事実上のドイツ帝国の堡塁がまったく必要であった。またかれらは、ソヴィエト・ロシア内外のボルシェビズムを、銃火と剣と飢えによってうち破るために、実際のドイツの軍隊組織を積極的に利用することが必要であった[12]。」

ヴェブレンにとっては、ヴェルサイユ条約によって出来上ったいわゆるヴェルサイユ体制は、とうてい永久平和を保証する体制とは考えられなかった。それは単に戦勝国である旧資本主義諸国の世界的な支配体制を固定化しようとしたものであって、その中には多くの矛盾と対立の火種が伏在していると考えられた。ヴェブレンは、ヴェルサイユ体制がやがては破綻をきたし、世界が再び戦火の中に投げ入れられる日がくることを、はっきりと予見していたようにみえた。

ヴェブレンのこのような見解は、かのジョン・メイナード・ケインズの『平和の経済的帰結』(J. M. Keynes, *The Economic Consequences of the Peace*, 1920.) にたいする書評[13]の中に、きわめて明瞭に示された。かれは、その中で、ケインズの書物について、「それは、外交慣習になれており、また大きな金融政策の細目について訓練をうけているひとによっておこなわれた、きわめて冷静で、すばらしく率直、平明な論議である[14]」ことをみとめると同時に、平和条約の歴史的意義にかんするケインズの見解を鋭く批判した。

「ケインズ氏は、ほぼ平和条約がむすばれた頃で、その効果的な作用が明らかとならないうちに、それをかいたために、平和条約を、さらにすすんだ交渉のための戦略的な出発点ないしは、戦争企画の継続としてよりは、むしろ平和の条件の決定的な形成、もしくは結論的な決着としてうけとった。」

ところが、ヴェブレンのみるところによると、ヴェルサイユ平和条約はけっして世界の永久平和の条件を定立したものではなかった。それは「現状」を固定化させることによって、その中にふくまれている諸国間の利害の対立と矛盾を将来にもち越したものであった。

「平和条約は、本質においては、国際的嫉妬心を温存しようとする特別の意図によって『戦前の状態』(status quo ante) を再建しようとすることを目的とするものであった。条約は(連盟をともに)、世界平和の解決をもたらす代りに、すでに、その背後で、列強の長老政治家たちが、政治的術策や帝国主義的拡大の追求をつづけるところの、外交的冗語の煙幕以上のなにものでもないことを、示した。[15]」

「過去数カ月間の出来事は、条約(ならびに連盟)の中心の、そしてもっとも拘束的な規定は、列強の政府が、それによって、ソヴィエト・ロシアの抑圧のために互いに団結するところの、記録に示されていない条項であることを示している。その条項は、連盟もしくは列強の秘密文書のどこかに存するかぎり、記録にはとどめられないのである。[16]」

「もちろん、ソヴィエト・ロシアの征服を目指すこの協定は、平和条約の本文にはかきこまれなかった。それはむしろ、その上に本文がかかれた羊皮紙であったということができよう。[17]」

ヴェルサイユ条約を締結するに当っての連合国側の政治家たちの関心は、ドイツの処置ではなくて、むしろ不在所有者の保護と、それを脅かすソヴィエトの打倒ということであった。そのためには、ドイツの不在所有者の除去ではなく、むしろそれを安全に維持することが必要であった。

「ドイツは、その帝政制度が、国外のボルシェビズムや、国内の急進主義にたいする戦いにおいて、いちじるしく弱められるような程度まで、片端《かたわ》にされてはならなかった。そのことから、つぎのような結論にもなる。資産階級や特権階級の高額所得にいちじるしく喰い込むような賠償金をドイツに賦課してはならない。というのは、このような階級こそは、不在所有者制の民主主義的利益を防衛するものとして、頼みにすることができるからである。[18]」

ケインズは、ドイツにたいするいっそうきびしい措置を主張し、したがって、ドイツにたいして比較的寛大な態度をとったウイルスン大統領を非難した。しかし、ヴェブレンにいわせると、それはケインズの方が間違っていた。ウイルスンはけっしてドイツの力に負けたのではなかった。「このような予知することができなかった事態に直面してのかれ〔ウイルスン〕の表面的な敗北は、それゆえに、けっして敗北ではなくて、むしろ、不可欠なことを達成するための戦略的再編成であった![19]」ヴェブレンは、そのようにいい、さらに、つぎのようなふかい洞察をふくむ言葉によって、その評論を結んでいるのである。

「要するに戦勝国の政治家たちは、現存の政治経済秩序をまもるために、――世界を、投資家の民主主義にとって安全なところたらしめるために――ドイツの戦犯的な不在所有者に味方し、自国の下層人民を敵にまわしたのである。[20]」

「まったく、このような平和条約の暫定条項を施行するに当って、いままでにとられた措置は、この問題にたいするケインズ氏の理解を曇らせていた幻想の空気のようなものを吹き払ってしまう。[21]」

1) Thorstein Veblen, *An Inquiry into the Nature of Peace and the Terms of Its Perpetuation*, 1917. p. 79.
2) *Ibid*., p. 82.
3) *Ibid*.. p. 83.
4) *Ibid*., p. 103.
5) *Ibid*., p. 117
6) *Ibid*., p. 185.
7) *Ibid*., p. 201—202.
8) *Ibid*., p. 291.
9) *Ibid*., p. 297.
10) *Ibid*., p. 367.
11) Joseph Dorfman, *op. cit*., p. 370.
12) Thorstein Veblen, *Essays in Our Changing Order*. 1934. p. 460.
13) この書評は、ケインズがこの書物をかいた—それは、一九一九年十一月のことであった—一年後にかかれ、最初「政治学季報」一九二〇年九月号（*The Political Science Quarterly*, Vol. XXXV, September 1920.）に発表された。

14) Thorstein Veblen, *Essays in Our Changing Order*, 1934. p. 463.
15) *Ibid.*, p. 463.
16) *Ibid.*, p. 464.
17) *Ibid.*, p. 464.
18) *Ibid.*, p. 469.
19) *Ibid.*, p. 468.
20) *Ibid.*, p. 470.
21) *Ibid.*, p. 470.

第八章　風塵の中へ

一　大学批判

ヴェブレンは、シカゴ大学、スタンフォード大学およびミズウリ大学を歴任した後、一九一八年最後の大学を去り、その後は再び象牙の塔へ帰ることがなかった。かれは、最後に大学を去った年に、ますます商業化し、低俗化してゆくアメリカの大学を批判した『アメリカの高等学術』(Thorstein Veblen, *The Higher Learning in America. A Memorandum on the Conduct of University by Business Men*, 1918.) を著わした。

ヴェブレンは、すでに一九一六年から数えて十二年も前にこの書物の出版を計画し、一九一六年三月には原稿が出来上っていた。かれは、『帝政ドイツ』のばあいと同じように、ほぼ一年足らずの短時間でこの書物をかいたらしい。この書物は、かれ自身の体験をもとにして、営利企業社会の中での大学の管理機関、学部と大学院、大学教授の地位、学生獲得競争などの諸問題を、かれ独特の論理と用語によって、するどく批判したものであった。本書が完成する少し前の一九一六年三月、かれが同僚のマックス・ハンドマンに語ったところによると、その副題は「全体的な堕落の研究」（*A Study in Total Depravity*）となるはずであった。ヴェブレンの忠実な門弟であったレオン・アーヅルーニは、その最初の原稿をみて、こんな辛辣な書物はみたことがないといい、またこの書物は、ヴェブレンは気がちがったのかもしれないという印象をひとびとに与えるだろうともいった。ヴェブレンは、その批判をうけいれて、多少の改訂を加えたようであるが、根本の趣旨は変らなかった。かれは最初この書物を、ミズウリ大学の「研究叢書」の一冊として出版するつもりだったらしいが、それはヒル学長の反対によって実現しなかった。学長は、この書物はヴェブレンが著わしたもっとも出来のいい書物のひとつであるけれども、しかし「大学の教育指導者を論じた箇所がひじょうに沢山あるから、わたくしが、その出版と配給の公けの責任者となることは、ミズウリ大学にたいして失礼になるかもしれないとおもう」といった。かれは、ヴェブレンにそれを出版することは時期尚早であるといった。ヴェブレンはその勧告をうけいれた。かれは、門弟のひとりのジョン・ウリーに、生きているあいだは、出版させないつもりだと語ったと伝えられる。しかし、ヴェブレンがミズウリ大学を去ったことが、かれをして、この書物の出版に踏み切らせた。そして本書は、一九一八年六月にかかれた序文をふくんで、その年に世に送られた。

野蛮文化のなかの大学

ヴェブレンのみるところによると、高等学術の府としての大学は、人類社会の永い歴史的発展過程のなかで、いろいろな形をとって変化し、発展した。

原始、未開の社会においては、学者は同時に魔術師であり、占い師であった。そこでは、素朴なアニミズムが支配しており、農耕や狩猟の人間の生産活動はつねになんらかの超自然的な営力によって支配されるものと信じられた。そして学者もしくは魔術師は、そのような超自然的な力を理解し、そのような力と人間とを媒介する機能をいとなむものと考えられた。だから、このばあいには、学問的知識は、製作本能や親性本能とむすびつき、農耕や狩猟のような生産活動にたいする補助的な役割を果すものと考えられた。

ところが、社会が未開段階から野蛮段階へと推転し、支配階級としての有閑階級があらわれるとともに、学問の意味もちがったものとなる。それはもはや人民の勤労的生産活動に役立つための知識ではなく、有閑階級の衒示的消費の一形態となり、その階級的差別の象徴となる。「高等学術」は、主として有閑階級自身もしくは、いわゆる代行的有閑階級（vicarious leisure class）としての僧侶や学者の仕事となる。だから、そのような高等学術の機関――大学――においては、産業的実用的知識は尊重されずに、もっぱら「古典」が尊ばれる。それは古典が「誉ある閑暇」（*Otium cum dignitate*）の象徴となる恰好な条件をそなえていたからであった。

「古典にたいして、高等学術の体系の中での特権的地位を保証し、またそれを、あらゆる学問のなかでもっとも立派な学問として尊敬されるものにしたのは、時間と労力の浪費の証拠としての、したがってまたこのような浪費をおこなう余裕をもつために必要な金銭上の実力の証拠としての古典の有用性であることは、疑いの余地がない。[1)]」

アメリカの古い大学では、しばしば高等学術の特権を、エリウシスの祭典のばあいのように、女性にたいしても開放することは大学の権威を傷けるものであるという観念が支配していたが、それは女性を隷属的な勤労者階級であるとみなし、したがって閑暇の象徴としての高等学術とは無縁なものと考える基本的観念にもとづくものであった。大学では、学帽、ガウン、入学式、卒業式など、宗教上の儀式に似た形式や儀式が尊ばれた。かくして高等学術は、有閑階級の衒示的消費のひとつの形態となった。

「それらの学校が目標とするいっそう高級な古典的な学問水準では、これらの学校の主要な目的は、僧職階級や有閑階級の青年にたいして、因習的にうけつがれている定評ある規模や方法にしたがって、物質的、非物質的な財貨を消費する予習を与えることである。[2)]」

ヴェブレンがこのようにいうばあいに、かれが頭に描いていたのは、主として産業資本主義が出現する以前の中世紀の、古典と神学が支配していた時代の大学、もしくはその伝統をまもっている大学とその学問であったようにおもわれる。

しかしながら、野蛮文化がさらにいっそう進化し、手工業時代を経て、機械制産業の時代になると、金銭的見栄や衒示的消費と相並んで、再び古い製作本能と好奇本能の「隔世復帰」があらわれ、それと同時に高等学術は再び新しい様相を帯びるようになった。そこでは、学問はしだいに煩瑣なスコラ哲学や古典の束縛から脱却して、あくまで客観的な科学的真理を探求するものとなった。それは、産業資本主義の段階における原始的な製作本能の復位と財貨生産の高揚を反映するものであった。ヴェブレンはいう。

「現代の技術は、比べものがないくらいに、非人間的、事実的な性格のものである。……そのために現代の学術は、それと同じように事実的、機械的な性格のものであり、したがってそれは、同じように感情をまじえない統計的な検定や方式化に依存するようになる。……つねに要求されることは、『科学の非情な光り』であり、あらゆる感情の色彩をとり除くことに大きな努力が払われる。[3]」

このような段階になると、大学はもはや単なる有閑階級の衒示的な知識や教養の機関ではなく、真に科学的な真理探求の中心機関となる。「大学は、知識の探求が問題なくそれにゆだねられる近代文化の唯一の公認の制度である。そして状況や世論の明らかな変化も、知識の探求を、大学に課せられた唯一の、問題のない義務とするように作用する。[4]」

大学は、はじめの頃は、ヨーロッパでもアメリカでも、有閑階級の衒示的な教養の制度であり、またかれらに奉仕する代行的有閑階級としての牧師や教師の養成機関であった。そのような中世紀の大学においては、有閑階級の衒示的見栄の象徴としてのスコラ神学が優越しており、哲学は神学の婢女（*philosophia theologiae ancillans*）であった。しかし、一九世紀以後になると、このような大学の性格はいちじるしく変った。かれらの哲学は、好奇本能の蒸溜装置にいれられ、その中から一連の近代科学が生み出された。大学はここにはじめて真の意味の大学となった。

「その後、文化が進歩し、知性的関心が人間尊敬の古い理想にとって代り、ここでもあすこでも反動的な挿話を追放するとともに、大学はしだいに高等学術の座、知識探求のための組織としての立場をとるようになった。それは、附随的な隔世復帰をしりぞけて、これらの高等学術の府においては、これらの自由な探求が、職業訓練や、学生その他の社会の社会的、市民的もしくは宗教的な気分にたいして及ぼすかもしれない実践的、功利的な影響を顧慮することなく、ひとつの至上命令として、公平無私な探求の精神が自由に作用しなければならないということを、ますますつよく主張した。大学政策においては、宗教的、政治的、因習的もしくは職業上の強制的な偏りほど、とり返しができない害悪となるものは考えられない。ことに、それが大学の主要関心事である知識の探求に触れるばあいにそうである。[5]」

ヴェブレンは、アメリカでは、産業資本主義が急速に発展した南北戦争以後の「再建時代」

に、大学の性格におけるこのような変化がおこったと考えているようである。というのは、この段階においては、産業資本主義の興隆にともなう技術的必要が、市民階級のあいだに製作本能と好奇本能の隔世復帰をよびおこし、その結果として、有閑的学問の代りに、事実的知識と新しい産業技術を探求することが、大学の使命となるからである。

「高等学術と科学探求の精神は、近代産業ならびにその技術的訓練と、多くの共通点をもっている。いっそうはっきりいえば、科学探求の精神と、近代的機械制産業によって強制される思考習慣とのあいだには、緊密な共感と相互関係の紐帯がある。ひとびとは、この両方の活動面において、非人間的事実をとり扱い、事実的なやり方で、それらのものと関係をもつ[6]。」

大学の世俗化と商業化

しかしながら、近代資本主義がさらに高次の段階へと発展すると、高等学術や大学の在り方が、もう一度変ってくる。この段階の企業においては、生産の効率よりも、むしろ生産のサボタージによる利潤獲得の方がいっそう重要となり、製作者精神《ワークマンシップ》よりも販売術《セイルスマンシップ》の方が優位に立つ。産業の将帥よりも企業の将帥が上位に立ち、さらにそれよりも金融の将帥が優越する。そして、このような企業界の変化に対応して、高等学術と、その機関としての大学は再びその性格を変化せしめるようになる。

いまや、営利企業の精神とその力が、社会のあらゆる部門に影響力を及ぼす。高等学術と大学制度もその触手から免れることができない。企業原理が大学の中にもはいりこむ。そして大学、ことにそのアンダーグラデュエイト・コースは、再び学問探求の機関であることを止めて、企業のための職業教育の施設となり、ますます世俗化と実用化の過程をたどるようになる。大学における製作本能と好奇の本能は、再び金銭的基準によって歪められる。

「製作本能がつねに知識の探求にみちびくことは依然として事実であるけれども、現在の制度によって課される条件のもとでは、現代の学術体系の外枠を形づくるものは、原始的な製作本能の素朴な概念ではないであろう。それはむしろ、現代の技術の論理によって教えこまれ、金銭的基準が決定的となっている生活様式をもつ文明の多くの経験によって悪ずれしているところの、躾けられた製作本能の先入概念であろう。[7]」

現代の大学は純粋な学問精神によってではなく、むしろ営利企業の精神によってみちびかれており、大学の本来の使命である学問研究以外の各種の世俗的な事業をもいとなんでいる。多くの大学は、「職業訓練、学部教育、中等学校の監督と指導、『公開講座』による無学者の教育、そのほか大衆娯楽、中等学校教師の訓練、『通信教育』による素人の奨学といったような似たような企画」をやっている。自ら大学と称しながら、実際には、高等学術とはなんら本質的な関係をもっていないような大学も少なくない。中でも、商学部のばあいに、金銭的理想の大学への侵入がもっとも露骨な形をとってあらわれる。

現在の大学の商学部は、支配的有閑階級に奉仕しているという点で、中世期の大学の宗教学部と多くの共通性をもっている。両者とも、大学の本質である「知性的事業」にたいしては、外面的な関連をもっているだけである。宗教学部は旧秩序に属しており、すでに学術団体にたいする支配力を失っている。しかし、商学部は新秩序に属しており、ますますその立場を固めている。商学部は営利主義社会の実践的興味の首位に立っている。それは「大学の世俗化の完全な開花」である。

商科大学は、金銭的販売術を代表しているという点で、その他の各種の職業教育の施設に比べてとくに際立っている。それはつぎのような特質をもつ。

(一)　他の職業訓練は、その手段として近代科学の成果に依存することが多く、したがってその種の施設は、多くの点で高等学術となんらかのむすびつきをもっているが、商科大学はほとんどなんら科学の成果に依存する必要がなく、学生の側でも科学にたいするいかなる程度の通暁をも要求されない。

(二)　他の職業学校の訓練によってえられる熟練は、多かれ少なかれ社会全体にとって有用なものであるが、商科大学によって教えられる商売上の熟達は、単に私的利得の獲得の手段として役立つだけであって、なんら社会的な有用性をもたない。

医者、薬剤師、農業技術者、各種の技術者はもちろん、ジャーナリストのばあいでも、その職業上の知識や技術は、かれら自身にとって収益をもたらすと同時に、社会全体にたいしても、ある程度の貢献を与える。ところが商業教育はそうでない。

「社会の青年のいかに多数のものの商売上の熟達が増進しても、社会全体にとっては、なんらの利益をも生じない。……というのは、商売は富の競争的な獲得にかかわるものであって、富の生産にかかわるものではないからである。われわれが商売人のことを、財貨生産者とよぶ習慣があるのは、単に言葉を飾った比喩にすぎない。そのような効率にもとづく利得は、格差利得にすぎない。……商科大学の仕事は、したがって、知性の増進にも役立たず、社会の物質的福祉にも貢献しないという点で、すべての公共施設のうち、とくに無駄な方面の努力である。[8]」

大学人の運命

大学の金銭的世俗化は、学長をふくめてのその管理機関の性格にも反映する。かつて大学の管理は教職者がそれに当るのが原則となっていたが、いまでは、それはまったく実業家の手に握られている。

「アメリカの大学が高等学術の学府として隊列にはいってきた過去一世代のあいだに、管理機関において、牧師に代る俗人の広範な交替がおこなわれた。古い学校の中には、その憲章が、管理機関の中での牧師の大きな比率を要求しているものもあるけれども、しだいに世俗化する傾向が十分にみとめられる。この交替は、実業家および政治家の交替であるが、それは実業家の交替であるといってもさし支えない。だから、大学政策の問題にたいする自由な支配は、いまや結局、実業家の手に握られている。[9]」

ヴェブレンは「典型的な現代の大学は、大きな資産をもち、多額の経費を処理するところのひとつの株式会社である。」という。このような性格をもつ大学において、経理と販売術に長じている実業家が、その管理者としてもっとも適任であることは当然である。だからアメリカの大学では、富裕な実業家が、理事、評議員、顧問その他いろいろな名目で、その実質的な管理者となっているのである。そして大学の学長も、しばしば「主としてかれの実業家的資格を基礎として」選らばれ、いわゆる「博識の将帥」(captains of erudition) として、「企業の将帥」と手を携えて、大学の管理と指導に当る。

しかも、ヴェブレンによれば、このようにして大学の管理に当る実業家は、生産的な「産業」と区別された意味の「企業」の将帥であり、営利主義の権化であると考えられる。かれらは、学問がなんであるかを知らず、学問は実業にはなんの役にも立たないとおもっている。そのような実業家によって管理されている大学が、ますます科学的真理の探求から遠ざかって、営利的な職業訓練の機関となることは当然である。

このような大学は、高等学術の研究成果よりも、広大で壮麗なキャンパスの方を誇るようになる。

「物的設備の立派な外観の要求が一般的となり、切実なものとなっている。……俗人からみると、「大学」とは、なによりもまず第一に、建物その他、人手をかけた不動産の集合を意味する。そのような物的設備が、直接に、そして力づよく素人の注意をひく。これに反して学問の探求は、わりあいに目立たないことであって、その発達は、無学な連中にはわからないことである。[10]」

そのような大学では、しばしば、その宣伝のための看板として、学問研究よりもむしろスポーツが奨励される。スポーツ選手にはしばしば金銭的な誘引が与えられる。ある大学では、あるスポーツ・チームのかけ替えのないメンバーに、男子寮の帳簿係の名目で、毎月四〇ドルの給与を与えていた。研究室や図書館の経費は削っても、スポーツのためには惜みなく金を出すばあいが少なくない。

「われわれは、研究室の仕事にとって必要な設備、材料、労務などの日常の供給については、けち臭い節約をやり、また図書館は購入や管理の予算が足りないために、恥ずべき等閑の状態におかれている大学で、蹴球や野球の監督が公然と教授団の一員として雇われ、大学の給料をもらっているのを見出す。[11]」

一方、大学のなかの学問研究者の立場は、けっして恵まれたものではない。かれらは給与も低く、地位も安定していない。しかもかれらは、大学人としての威信を保つために、比較的高い生活程度をもつことを要求される。

「大学人は、その収入は下級事務員やセイルスマンのそれに近いけれども、慣習上、暮しの楽な実業家の支出規模に匹敵する位の規模で生活することを要求される。[12]」かれらは、板ばさみの状態に陥り、そのためにしばしば食料、衣料、光熱費、住居、書物代などのわりあい目立たない家計費目を削り、それによって衣服、装身具、饗応といったような「衒示的消費」の費用をつくらねばならない。かれらはしばしば結婚をあきらめ、あるいは産児を制限する。大学教授は概して子供の数が少ない。

教員の地位の保証も十分でない。大学が企業者原理によって支配されるようになると、ますます、学問研究そのものよりも、社交的娯楽や、衒示的消費への顧慮の方が、かれの地位の昇進を保証する条件となってくる。その反対に、大学人の体面を保つのに必要な衒示的な生活様式を犠牲にして、もっぱら学問研究に献身することは、かえって昇進の機会を少なくし、その地位を不安定ならしめる結果となる。

しかし、大学におけるそのような状況は、およそ学問研究にとってふさわしくない。学問研究の基礎である知性的創造力は、大学が企業原理に従属し、それによって指導されている状態と両立することはできない。「いかなる学者も科学者も、このような学問的、科学的な仕事にかんするかぎり、被雇用者となることはできない。」だから、もしもそのような状況がつづくならば、大学人の運命は、次の二つのうちのひとつとなるほかはない。

大学人は、もしも真に自由で独創的な学問研究者であろうとするならば、結局、大学にとどまることはできない。もしもかれが永く大学にとどまろうとするならば、その学問研究は結局、「凡庸」の水準にとどまらざるをえない。

「その結果は、このような押しつけがましい凡庸者の指導のもとで、このような科学の分野において、なに事も成就されなかったというわけではない。ただそのような指導力が決定力をもつかぎり、出来上った仕事は、このような凡庸の水準にとどまるというだけである。」[13)]

「要するに事実のなりゆきは、学問の理想が、企業上の必要の圧力の前に足場を失うというやり方で、学者の理想と企業の理想とのあいだに妥協が出来上るということである。」[14)]

これが、実業家によって運営せられ、いちじるしく世俗化したところの、不在所有者社会の大学における学者の運命である、とヴェブレンはいうのである。

この書物にたいする世評は、例によっていろいろであった。「ニューヨーク・コール」誌の右翼の書評者は、「アメリカには高等学術などはない。それは、たったひとりのヴェブレンがいるからである、」といった。コロンビア大学の英文学部のブランダー・マシューズ教授は、「ニューヨーク・タイムズ」で「ヴェブレン氏は、明晰にものを考えていないために、すっきりとかいていない、」と評した。この書物は、ドーフマン教授もいうように、たしかに、営利企業や資本についてのヴェブレンの概念のもっとも明確な表現をふくんでいたけれども、当時すでに第一次世界戦争の渦中にまきこまれていたアメリカの社会では、それはほとんどひとびとの注意をひかなかった。

1)　ソースタイン・ヴェブレン著小原敬士訳『有閑階級の理論』（岩波文庫）三六六ページ。
2)　前掲書、三四三ページ。
3)　Thorstein Veblen, *The Higher Learning in America*, 1918. p. 7.

4) *Ibid.*, p. 15.
5) *Ibid.*, p. 39.
6) *Ibid.*, p. 76.
7) *Ibid.*, p. 7.
8) *Ibid.*, p. 208—209.
9) *Ibid.*, p. 63—64.
10) *Ibid.*, p. 139.
11) *Ibid.*, p. 125.
12) *Ibid.*, p. 161.
13) *Ibid.*, p. 188.
14) *Ibid.*, p. 190.

二　技術的社会改良主義

一九一八年の秋、ヴェブレンは家族とともにニューヨークに移った。その頃、ヴェブレン一家の面倒をみていたのは、スタンフォード時代のかれの教え子であって、当時コロンビア大学のスタフとなっていたレオン・アーヅルーニであった。「ダイヤル」社と交渉し、ヴェブレンをその雑誌の論説委員のひとりに加え、自由な題目で執筆することにたいして、年二、五〇〇ドルの報酬を払うことをとりきめたのもかれであった。かれはまた、その頃、ますます精神病が昂じてきたアンヌ夫人を病院にいれることや、その二人の娘をアマーストのスチュアートに托することについても、骨を折った。アーヅルーニは、その年の暮には、その郷里であるカリフォルニアの葡萄園に帰らねばならなかったが、その後もかれはなにかとヴェブレンの身辺の世話をした。そのほか、やはりヴェブレンの門下であったウエズレー・クレイア・ミッチェルや、イサドア・ルービン Isador Lubin もヴェブレンのために絶えず気を配っていた。

ヴェブレンが「ダイヤル」誌に論説を執筆していた一九一九年という年は、社会史の上でいろいろと重要な出来事がおこった年であった。一月にはシアトルで大きな総罷業がおこったし、ヨーロッパでは、カール・リーブクネヒトとローザ・ルクセンブルグがベルリン動物園で殺されるという出来事がおこった。そのほか、その年には、ウイニペッグの総罷業、三六万一千の労働者をふくむ大きな製鋼ストライキ、二〇万の鉄道荷役夫のストライキ、モスクワの第三インターナショナルの結成、アメリカ共産党の創設、アメリカのシベリア出兵、ソ連における反革命の失敗といったような出来事もおこった。ヴェブレンは、そのような社会情勢の中で、ますます活潑な執筆活動をつづけた。

ヴェブレンが「ダイヤル」のためにかいたいくつかの論文は、例によって独特の文体と判りにくい表現によって、編集者と読者とを悩ましたが、その洞察と批判はやはり容易に他の追随をゆるさなかった。かれがとり上げた問題は、主として、戦後の平和体制、ボルシェビズムにたいするアメリカ社会のヒステリー的な反応、販売術、価格体制、技術者の社会的役割などにかんするものであった。

この時期にヴェブレンがかいた多くの論文は、『特権階級と庶民』（*The Vested Interests and the Common Man*, 1919.）および『技術者と価格体制』（*The Engineers and Price System*, 1921.）の中に集められて書物として出版された。

前の書物は、すでに『営利企業の理論』や『製作本能論』の中で詳しく分析された資本主義社会の特質についてのヴェブレン独特のいくつかの基本命題を、いっそう簡潔で平明な表現によって論じたものであった。かれは、この書物の中で、手工業段階から機械制経済への進化と、その社会的結果について論じた。かれの見解によると、われわれの二〇世紀の経済制度は、依然として自然法や功利主義を基礎とする一八世紀の法律秩序や観念形態に立脚している。しかし、アダム・スミスやその追随者の自由放任哲学は、巨大株式会社、高率関税、その他の特権の発生を予見していなかった。一八世紀はなお製作本能がある程度までものを言った時代であるけれども、二〇世紀は再び新しい中世期的な特権階級と、その金銭的見栄が幅を利かす時代となった。その特徴は「所有の特権」と「国家的野心」――それは資本主義と帝国主義にたいするヴェブレンの婉曲な表現であった――の優越ということである。その結果、一八世紀的な自由と平等の制度は事実上逆転された。

機械過程はもともと製作本能の所産であり、社会の集合的経験の結果であった。それは、永いあいだの複雑な技術的発展によってもたらされたものであり、多くの生産的勤労者がそのような発展に貢献した。しかし、産業革命による機械制産業の発達は、むしろ産業にたいする企業の優位をもたらし、同時に自由と平等の後退をひきおこした。

「このような技術的知識の体系、産業技能の状態は、つねに共同の財産として保有されていた。事実、このような技術の共同財産は、産業的な側面の社会の文明の実質であり、したがってそれは、そのような文明の実質的な核心を形づくる。……しかし、このような文明国民のあいだでの、これらの技術の使用を制約する特殊の状況のもとにおいては、その所有権もしくは用益権は、事実上、比較的少数のひとの手に託されるようになった。予見されたことでもなく、意図されたことでもないけれども、産業における新秩序の機械的状況は、独立独歩、平等な機会および自由取引にかんする慣習法の実際的効果を逆転せしめた。[1]」

社会の物質的福祉は、専門的知識や公平な判断に依存するこのような産業体制の順調な機能にむすびついている。したがって、社会的福祉の増進のためには、産業体制の管理を、金融の将帥にではなく、むしろ産業技術者に托する方が賢明である。というのは、前者は市場駆引きに携わるが、後者はもっぱら生産的効率を心掛けるからである。ところが、産業革命以後の段階においては、機械制産業は、生産技術者によってではなく、金融の将帥によって支配され、管理されるようになる。産業は企業によって支配される。

「ところが、歴史的必然によって、このようないちじるしく技術的な産業体制にかかわるすべてのものの支配権は、市場駆引きにいちじるしく熟練しているもの、金融的陰謀の名手の手に落ちる。[2]」

「産業の独裁的支配は、実際には、営利的理由、すなわち私的利得の目的のための指令によって承認されないような生産活動にたいする拒否という形態をとった。企業は利潤の追求であり、利潤は、有利な販売からえられる。そして有利な販売は、価格が収益的な水準に保たれるばあいにのみおこなわれる。そして価格は、販売高が適当な限度内に保たれるばあいにのみ維持される。したがって、重要産業に関連する企業における最高の考慮は、生産高の適当な制限である。『適当な』というのは、『とれるだけ』ということ、つまり『最大の純収益がえられるだけ』ということを意味する。[3]」

それは新しい特権階級、不在所有者の出現とその支配を意味するものであるが、ヴェブレンの見解によると、そのような過程はまた、新しい「国家神権」(the divine right of nations) の成立とむすびつく。古い帝王神権説は、一六、七世紀の国民国家の形成期の所産であった。それは、その後、近代化の進展とともに、文明国民によって否定せられ、その代りに、少なくとも形式と原理においては、人民主権の形態がとって代った。「君主主権の外套は、――形式的には、また法典の文言にしたがえば――一般庶民の肩にかけられた。」しかし、二〇世紀の機械制産業の段階ないしは、新しい特権階級の時代においては、民主的な人民主権は、事実上、再び新しい「国家神権」に転換される。そして、ヴェブレンのばあい、この新しい「国家神権」とは、結局、国家独占資本主義を意味するものであった。

「実際の結果においては、それ〔君主主権〕は、『民主的主権』として、特権階級のために働く政府の裸身をおおう上衣に転化した。実際の効果においては、国家形成期の帝政から、一八世紀の啓蒙原理にもとづく自由政策への推転は、君主支配の追求から、国境の内部に住んでいる特権階級の保護と助成のための帝国主義的企画への推転であった。……それゆえに、帝政国家にとって代った紳士階級の国民政府の主要な関心は、つねに所有と投資の権利を維持することである。[4]」

そして、ヴェブレンは、アメリカの繁栄の基礎となっていた保護関税は、そのような「国家神権」にもとづいて、企業が取得する特権であり、「営利的サボタージのひとつの方法」であると考えるのである。

「保護関税は、企業の利益のために、その国の産業過程を片端《かたわ》にするひとつの方法にすぎない。……あらゆる営利的サボタージがないならば、産業体制の生産能力は、忽ちあらゆる合理的な限度を越えるであろうし、価格はみじめな下落をきたすであろう。……そして営利企業の全体の構造は崩壊するであろう。『過剰生産』の時代には、そのようなことがしばしばおこった。公正な価格がなければ、いかなる取引活動もおこらない。生産費以上の純価格が取引の動機であるからである。保護関税は結局、過剰生産にたいする附随的な防壁である。[5]」

そればかりではない。新しい国家神権は、取引制限のための保護関税を設定する特権のほかに、特権的な企業者階級を保護するための広範な権限をもっている。

「その国の企業者のために、武力を背景とする道義的な説得によって獲得され、かつ防衛される対外投資や権益がある。そして、一般庶民がその費用を払う。適用される差別待遇や、外国の競争を打負かすための海運業から利潤をひき出すその国の企業者に与えられる補助金やクレディットがある。そして一般庶民がその費用を払う。ある種の貿易業者、権益所有者、行政官などの私的利得のために、公共の経費によって取得され、管理される植民地がある。そして一般庶民がその費用を払う。それらのすべてのものの背後に、軍備をもち、対抗的な陸海軍施設を保有するための国家の神権がある。陸海軍施設は、新しい秩序のもとにおいては、ある特定のところで、そしてある特定の仕方で、ただでなにかを獲得する特定の特権階級の企業的権利を執行もしくは保護する以外は、なんらの実質的な使い道がない。そして一般庶民は、その費用を払い、そして誇りで胸をふくらませる。」[6)]

この書物につづいて著わされた『技術者と価格体制』（一九二一年）も、「価格体制」と営利企業の批判という点では、前の書物と多くの共通点をもっていたが、しかし、それは、「革命的転覆」「技術者のソヴィエト」「テクノクラシー」などの問題にかんするヴェブレンの見解を、もっともはっきりした形でふくんでいるという点で、ヴェブレンの多くの著作のなかで、特異な地位を占める書物である。それは、いわばヴェブレンの急進的社会主義思想の極限を示すものともいえるような書物であった。

本書の第一章は「サボタージ」を論じているが、このサボタージという概念こそは、生産的産業活動に対立する概念としての営利主義的企業の機能を示唆する極限概念であった。ヴェブレンはサボタージを単に労働運動のひとつの戦術としてだけみていたのではなかった。かれは、この言葉をもっとも根源的な意味でとらえ、最大限利潤の獲得のための資本家による「効率の意識的な撤収」をも、サボタージのひとつのばあい――むしろ、その代表的なばあい――と考えた。サボタージは企業者の営利活動の極限であった。

ヴェブレンのばあい、サボタージの概念と相並んで、その基本理念のひとつとなっているのは、社会的浪費の概念である。かれは、本書の第五章「変革を助長する状況について」のなかで、そのような社会的無駄の源泉として、失業、販売術、無駄な品物や模造品の生産および独占企業のサボタージないしは生産制限の四つのものをあげる。そして、そのうちで、いちばん悪いものは、販売術――広告、飾り包装、銘柄、不必要な販売代理店等――であると考えた。

「概して、消費者によって財貨・労務に支払われる価格の半分は、販売術のおかげであるということは、もちろん見当違いではなかろう。しかし、多くの重要な部類の商品のばあいには、販売術は多くのばあい、固有の生産費の一〇倍ないしは二〇倍くらいに達し、また必要な配給費の一〇〇倍を下らないほどとなるであろう。……販売術は……企業の繁栄の主要な根拠となり、また人民大衆の絶えざる困窮や不満の主要な源泉となる。[7]」

ヴェブレンにとっては、販売術によって代表される非効率ということが、あらゆる社会的害悪の根源であった。このような観念から、将来の社会の指導権は、ややもすれば、営利主義的サボタージに走りがちな企業者の手に托すべきではなく、製作本能によって動く生産的な産業技術者の手に任すべきであるという技術的社会改良思想がみちびかれることは、当然のことであった。ヴェブレンはそれを、「実行可能な技術者のソヴィエトにかんする覚書」と題する章（第六章）で論じているが、この点こそは、この小著の最大の特徴を形づくるものであった。

ヴェブレンの見解によると、産業生産の幹部としての技術者は特権階級にとって、なくてはならないものであるが、その反対に特権階級は技術者にとって、けっして不可欠のものではない。営利のための浪費やサボタージをともなう企業制度は、技術者や一般大衆の公共の利益と矛盾する。「不在所有者制度は……公共の利益にたいして有毒なものとなった。」だから「不在所有者制度と資本化された所得の旧秩序をしめ出すような革命的転覆は十分な理由がある」とヴェブレンはいう。

それでは、不在所有者制と資本をしめ出した後の社会体制はいかなるものとなるべきであるか。それは当然、企業者に代る技術者の産業支配の体制であり、それは技術者自身がすでに自覚しはじめていることである。

「技術者のギルドが、自分たちはひとつのギルドをつくっているということとか、文明国の実質的運命はすでに自分たちの手に握られているということを、いかなる方法で、いかに早く、いかなる動機によって、またいかなる効果をともなって悟るかを推測することは危険であろう。しかし、産業界の状態や、技術者のあいだの信念の行動が、いくぶんそのような目標にむかって固まりつつあることは、すでに十分に明らかなことである。[8]」
それでは、そのような技術者の支配体制は、どのような手続と過程によって打ち建てられるであろうか。それは、技術者たちが、ある意味のソヴィエト（団結）を形づくり、総罷業による「効率の意識的撤収」（conscious withdrawal of efficiency）をおこなうことによって、はじめて実現される。

「技術者が団結し、共同謀議をおこない、行動計画をつくり上げ、そして不在所有者制を廃止することを決定するばあいに、そのような変動が出来上るであろう。それをおこなう明白単純な手段は、効率の意識的な撤収、すなわち、かれらの主張をおしつけるのに必要な時間だけ、撤退することによって、産業体制全体を無力化せしめるに足るだけの、この国の技術者スタフの多数のものをふくむ総罷業である。[9]」

これらの言葉は、ひじょうに調子の高い響きをもっており、あたかもヴェブレンが急進的な社会主義者であったかのような印象を与えるが、しかし、事実においては、かれは十分な意味の現実主義者であった。かれの冷徹な眼はいつでも、そのような既成秩序を打破することを阻むような社会的現実をするどく見抜いていた。かれのみるところによると、不在所有者制は、アメリカ社会のなかにしっかりと根を据えており、したがって、その秩序が転覆されるのは、たとえ不可能ではないにしても、よほど遠い将来のことであるというのである。

「不在所有者の既得権は、いまなお人民大衆の気分のなかにふかく植えつけられており、そしていまなお共和国の女神の像となっている。したがって、技術者のソヴィエトのようなものは、アメリカの特権階級にとっては、現在の脅威とはなっていない、といっておくのが、やはりいちばん安全である。[10]」

「特権階級の番兵たちと、その背景を形づくっている市民たちは当然に喜ぶであろうが、アメリカでは、技術者のソヴィエトのようなものは、きわめて遠い将来の出来事であるということができる。」

ヴェブレンはいたずらに急進的な社会主義者でもなければ、多分に夢想的な理想主義者でもなかった。しかし、製作本能と技術進歩のなかに公共福祉の増進の基本的原因をみいだし、その方向に沿っての社会改良を期待することは、かれの一貫した基本思想であった。この点で「技術者のソヴィエト」は、かれの思想の当然の到達点であった。またその点で、ヴェブレンがしばしば、アメリカにおけるテクノクラシー運動の先駆者のひとりに考えられていることも理由のないことではない。

1) Thorstein Veblen, *The Vested Interests and the Common Man*, 1919. p. 57.
2) *Ibid.*, p. 89.
3) *Ibid.*, p. 91.
4) *Ibid.*, p. 125.
5) *Ibid.*, p. 135.
6) *Ibid.*, p. 136—7.
7) Thorstein Veblen, *The Engineers and the Price System*, 1921. 小原敬士訳『技術者と価格体制』(一九六二年、未来社)一〇七—一一〇ページ。
8) 前掲書、七六ページ。
9) 前掲書、一六〇ページ。
10) 前掲書、一三〇ページ。

第九章　孤独と貧困

一　アメリカ資本主義批判

雑誌「ダイヤル」の論説記者としてのヴェブレンの経歴は、ほぼ一年後に終りとなった。それは、同誌が一九一九年秋に再びもとの文芸誌に帰ったからであった。

しかし、ちょうどその頃に「新社会科学学院」(New School for Social Research) という学校がニューヨークに設立せられ、ヴェブレンはそこにしばしの憩いの場所を見出すことができた。それは「現存の秩序の発生、成長、現在の機能ならびにその修正を助成するような現在の状況にかんする不偏の理解を求めること」を目的とするところの、大学院程度の自由な学校であった。そのスタッフにはヴェブレン、チャールズ・ビアード、ジェイムズ・ロビンスン、ウエズレー・ミッチェルの「四巨頭《ビッグ・フォーア》」をはじめとして、ジョン・デューイ、ハロルド・ラスキ、レオ・ウオルマンなどの錚々たる連中が迎えられた。レオン・アーヅルーニもそのメンバーであった。ヴェブレンは、この学校で「文明の経済的要因」や「特殊講義」を担当することとなった。かれの俸給は年六、〇〇〇ドルであったが、最初の二年間は、そのうちの四、五〇〇ドルはシカゴ時代の教え子のひとりから提供されたものであった。

学校は、古いチエルシアに、美しい花園に面した簡素な建物をもっていた。ヴェブレンは最初、アーヅルーニといっしょに学校の近くのアパートに住んでいたが、一九二〇年の初め頃から、ボウトン博士の家に下宿して、その世話をうけるようになった。ボウトンと、その家のミルドレッド・ベネットという婦人は、ヴェブレンの名声を尊敬して、親切に世話をしたといわれる。

ヴェブレンが、後にテクノクラシー運動の中心人物となったハワード・スコット Howard Scott その他のひとびとがつくった「技術者同盟」（Technical Alliance）に関係をもつようになったのもその頃のことである。スコットはもともと、新社会科学学院のヴェブレンの聴講者のひとりであって、「技術者同盟」の趣意書の中に、ヴェブレンの「技術者のソヴィエト」の概念をとり入れ、また同盟の「教育係」のひとりとして、ヴェブレンの名前を借りていた。同盟は、技術者の親睦をはかることや、支持会員からの委託調査をおこなうことを主たる目的とするものであって、必ずしもヴェブレンが考えていたような社会運動の団体ではなかったが、ヴェブレンは、それに多くの関心を払っていたようである。しかし、この団体は、資金の不足のために、一九二一年の三月、事実上、不活動の状態となった。

新社会科学学院も、一九二二年になると、主としてその財政問題のために、根本的な再編成を余儀なくされた。「四巨頭」のうちビアード、ミッチェルおよびロビンソンは辞任した。ヴェブレンの地位も不安定となった。かれは市立大学に席をえることを試みたが、うまくゆかなかった。ダヴェンポートは再びかれをコーネルに招こうとしたが、かれの健康はイサカの気候に耐えられそうもなかった。スカンディネヴィアのある一流大学がヴェブレンを招くという話もあったが、それも実現しなかった。ヴェブレンは、新社会科学学院の新しい院長のアルヴィン・ジョンソンに、技術者の地位にかんするかれの研究をすすめるための費用として四〇、〇〇〇ドルを調達することを依頼したが、そのごく一部でさえ調達できなかった。金をもっているひとは、ヴェブレンについて知っていなかったし、知っていても出そうとしなかった。かれの企画に興味をもつものは、多くのばあい金がなかった。

一九二二年の初め頃に、ヴェブレン夫人の遠縁に当るクラーク大学の学長ウォーレス・アトウッド Wallace W. Atwood が、ヴェブレンをその大学のスタフに迎えることを考えた。ところが、たまたま同大学で、社会主義者スコット・ニアリングを不当に圧迫するという事件がおこった。三月のある日、同大学のリベラル・クラブがニアリングを招いて、「アメリカにおける世論の統制」と題する講演をきいた。これにたいして、学長は、その講演が予定の時間を超過したという理由で解散を命じたのである。ニアリングはヴェブレンの崇拝者であった。かれは、その講演の中で、しばしばヴェブレンの言葉を引用し、「ヴェブレン教授が『アメリカの高等学術』の中で示したように、高等教育もまた今日の実業家の哲学を反映するようになった」などと言ったと伝えられた。この問題は、学問の自由の問題として各方面の反響をよんだ。そのときにアトウッド学長はヴェブレンに連続講義をおこなうことを依頼した。しかし、ヴェブレンは健康上の都合を理由として、それを引きうけなかった。

スコット・ニアリング事件もそのひとつのあらわれであったが、その頃のアメリカは明らかに一種の「赤色恐怖症」の状態に陥っていた。ヴェブレンが『技術者と価格体制』のなかでいっている言葉でいえば、「ボルシェヴィズムの同じ赤色病がやがてアメリカの下層人民に伝染し、そしてかれらが情勢を判断する立場に立ち、一定の活動方針にむかって決意するやいなや、かれらは必ず既成秩序の転覆をもたらすにちがいないということが、神経をゆり動かすような恐怖の念をもっておそれられている」という状態であった。

ニューイングランドでは魔女狩り運動というものがおこった。教科書は検閲され、外国人は追放され、平和論者は市民権を奪われ、急進的社会運動は、多くの州政府によって非合法とされた。ジョージアでは一九一五年にクー・クラックス・クランが組織されていた。テネシーではファンダメンタリストのウイリアム・ジェニングス・ブライヤン William Jennings Bryan が、その州内で進化論を教えることを禁止しようとした州政府の方針を支持した。マサチューセッツでは、「哲学的無政府主義者」であった二人のイタリア人——サコおよびヴァンゼッティ——が殺人のかどで逮捕され、処刑された。

ヴェブレンは一九二二年六月「自由人」という雑誌にのせた「早発性痴呆症」(Dementia Praecox) と題する論文のなかで、そのような赤色恐怖症に関連してアメリカに発生した一種の病的な社会心理状態を、きわめて痛烈に分析し、批判した。かれはいった。

「アメリカの現在の状況は、ある種の精神病の状態である。このような状態を理解するためには、もちろんそのほかのことも考慮しなければならないであろうが、しかし、アメリカの現状は、精神のある種のアンバランスと錯乱を度外視しては正しく理解することができない。……戦前の心理状態に比べて、かれらはすぐに根拠のない残虐行為や、忌むべき陰謀、策略を信じこみやすい。かれらはすぐに、やみくもな不寛容に駆り立てられ、想像上の害悪にたいする防衛策として、あまり賢明でない残酷な行為にたよる。かれらが信じようとしていることにも、かれらがおこなおうとしていることにも、明らかに、落付きと論理的一貫性が欠けている。[1)]」

このような社会心理のなかから、さらにさまざまの反動的な心理や制度が発生する。

「無反省な愛国主義的な騒ぎがひとつの市民的美徳となった。愛国主義的——つまり軍事的——な儀式が公立学校の通常の日常生活の中に組み入れられる。国歌の演奏があれば、いつでも脱帽直立することが義務となった。……州警察が増強された。集会の権利は遠慮なく干渉された。……クー・クラックス・クランが息を吹きかえし、法律によらずに市民を脅迫するために再組織された。[2)]」

多くのばあい早発性痴呆症は青少年期の症状であるが、ボーイ・スカウト、高等学校学生、Y・M・C・A、軍隊などにおいても、そのような心理状態があらわれ易い。そして、そのような子供らしい心理は、公職に従事するためにはなんらの障害とならないばかりか、ある種の野蛮な気質とむすびついた子供らしさは、しばしば一般大衆の敬愛の的となる。民主主義社会における公職選挙のばあいなどに、ややもすれば、そのような心理が反映する。ヴェブレンは、このような論理によって、むしろ民主主義社会において、反動的、病的な社会心理の画一化が支配することを指摘するのである。

「アメリカはあらゆる国のなかでもっとも民主的な国である。少なくともそういわれている。そのような政治機構をもつそのような社会のばあいにおいては、早発性痴呆症のような性質の一種の強迫観念が当然に早く、かつひろい範囲にわたってひろがるにちがいない。そしてその影響は深刻であり、また永続的であるにちがいない。[3)]」

ヴェブレンはこの論文をかいた後、一九二三年になってから、雑誌「自由人」のために、「産業の将帥」（四月）、「山林と油田」（五月）、「独立農民」（六月）、「地方都市」（七月）などの論文をかいた。そして、その同じ年に、これらの論文をふくむ論文集『不在所有者制と最近の営利企業・アメリカのばあい』（*Absentee Ownership and Business Enterprise in Recent Times. The Case of America*. 1923）を世に送った。それは、ヴェブレンが生前に著わした最後の著作となった。

この書物は、手工業と自然権、自由競争時代、株式会社の発生、産業の将帥、製造工業と販売術、信用利用の拡大といったような諸項目をふくんでおり、その点で、『営利企業の理論』、『製作本能論』その他の以前の著作と重複する部分が少なくなかった。しかし、それは、とくに「アメリカのばあい」における資本主義の様相を明らかにすることを主眼としている点で、やはり重要な著作である。ヴェブレンは、アメリカこそはもっとも典型的な資本主義の国であることを強調する。

「民主的アメリカほど、金銭的人物が、標準的な市民的美徳の保持者として、高くかつ安定した地位をもっているところは、どこにもない。アメリカはあらゆる国の中でもっとも民主的な国である以上、それはもちろん当然のことである。また民主的なアメリカにおけるほど、大企業の将帥が残るくまなく、国家の民間的、政治的事柄を支配し、生活の状態を左右しているところは、どこにもない。この国においては、不在所有権の獲得ということが、結局、一般の気持の中で、もっとも価値があり、もっとも必要な仕事であるかぎり、それもまた当然のことである。[4]」

「まったく、アメリカは、いままでに到達されたもっとも自由かつ完全な形で、このような発展を示しているといえよう。……したがって、不在所有者は、古い文明国のどこよりも、いっそう速かに、また包括的に、そして、いっそう残るくまなく、アメリカ文明の主要制度となった。少なくともこの点では、アメリカはキリスト教国民の中での文化的成長の頂点に立っているということができよう。[5]」

ヴェブレンのばあい、一九世紀後半以後の機械制産業段階における資本主義においては、製作者精神の代りに販売術が、財貨の生産の代りに生産のサボタージと不在所有が優越しているということは、あらゆる著作のなかで繰り返えし主張したことであった。それが、アメリカではもっとも高度の発展をとげているというのである。

アメリカでは、独立独歩、自由契約、私的利潤などの原理のもとに、そのありあまる資源の収奪と占有がおこなわれた。それは、結局において、特権的不在所有者と独占的大企業の支配をつくり出したのであって、必ずしも国民の一般的福祉を保証するものではなかったが、しかし、それがアメリカ社会の基本的制度となった。

「この国の石炭、鉱石、石油、水力、木材、石材、水域、工業用地などの不在所有者は、依然として、それから収益をひき出す価値ある所有物として、これらの資産を保有する。それは、これらの事物の不在所有者に支払われる不労所得であって、この国の生産的産業にたいする間接費を形づくる。それは、生産される財貨の生産費を形づくり、生産物にたいする大きな負担となり、制限となる。それも、十分に明白であるはずである。しかし、国民全体の道義的感覚は、ただでこのような合法的な利鞘を獲得するこのような不在所有者の権利を拒否することをゆるさない。[6)]」

アメリカは自由と平等の国であり、中でも「独立農民」（independent farmers）の国であるということが、しばしばいわれている。しかし、ヴェブレンのみるところでは、それは「農民が、詩人のいう独立農民であった頃の古い昔からのいい伝え」にすぎない。

「もちろん農民はつねに、ある神話的な意味の「独立農民」であるという幻想によって慰められている。しかし、実際には、事態がつねにそうなっているように、かれはむしろ半不在所有者もしくはおそらく擬似的不在所有者とよばるべきである。というのは、かれは結局、不在所有者として数えられるには、あまりにも狭小な不在所有であるからである。[7]」

もともとアメリカの農民の精神は、勤労者のそれではなくて、むしろ開拓者のそれであった。かれらは事実、生産的勤労者であったけれども、それはかれらを他のものから区別する独自の特徴ではなかった。かれらの土地獲得の情熱は、かれらを骨の折れる勤労に駆り立てたが、しかし、かれらはけっして奴隷のように勤労に身を捧げたのではなかった。かれらが忠実であったのは、製作本能の至上命令にたいしてではなく、無限に拡大しうる貪欲にたいしてであった。アメリカの農民は必ずしも定住耕作農民ではなかった。かれらは絶えず移動していた。かれらは、その地方都市の従兄に劣らない企業者であった。

「アメリカの農民は土地に束縛されていなかった。つねに田舎から都市への気安い移動がおこなわれた。そして、このような大きな農業地帯の都市への絶えざる移動は、主として勤労から商売への移動であった。[8]」

ヴェブレンは、アメリカの農民の社会的性格を、「産業の将帥」のばあいと同じく、生産者としてではなく、むしろ企業者としてとらえている。そして、かれは、かれらの営利活動と、固有の意味の企業者――商人、銀行業者、土地投機業者等――の活動との接触点としての

「地方都市」(country town) を、典型的なアメリカ的制度としてとくに重要視する。

「アメリカの大きな農業地域の地方都市は、アメリカの計画によって標準化された自助と貪欲の完全な開花である。……地方都市は、大きなアメリカ的制度のひとつである。おそらくそれは、公共の気分を形づくり、アメリカ文化にたいして特徴を与える点で、他のいかなるものよりも大きな役割を果したし、いまも果しているという意味で、もっとも大きな制度であろう。[9)]」

このような地方都市の性格は、その起源にさかのぼると、いっそうよく理解される。それはもともと、アメリカの土地制度の所産である。それは最初、地価投機の企業として発展した。つまり、それは、人口の増加や隣接の農業地域の定住や耕作にもとづく地価の昂騰によって、ただでなにかを獲得しようとする企業的企図であった。それは、多くのばあい、農村の住民に財貨を配給し、農村の生産物を受入れ、輸送するための中心地と考えられているが、それは、機械的事実だけを列挙した定義にすぎない。その存在の理由は、特定の場所で企業をおこなうことによってえられる利得である。その住民の中核は地方的企業者であって、その利害が自治体の政策を決定し、自治体の行政を左右する。これらの地方的企業というのは、地方銀行業者、各種の商人、不動産業者、地方的な弁護士、地方的な牧師などである。このような都市の住民は、その地域のあらゆる商売を独占する。地方都市は資本主義活動の結節点である。

「大きな農業地域においては、あらゆる都市がその地域の商工業を事実上独占する。……そして都市住民は、このような事実上の独占がなくなってしまわないように抜目なく気を配る。このような特徴は、大きな農業地域の地方都市に当てはまるものであって、工業的、外部的部門の都市には、いっそう小さい程度に当てはまるだけである。[10]」

しかしながら、二〇世紀の始まり以後においては、このような地方都市の地方的独占は、さらに大きな企業のための徴税人としての新しい機能を担うようになる。

「小売業と地方都市の最盛期は過去のものである。小売業者は大企業の手中に陥りつつある。だから、かれらは、つねに自己の創意にしたがい、仲間の都市住民と協同して、その地域の自己の領分を支配しようとしている主人をもたない人間ではなくなりつつある。[11]」

「地方都市は、いちじるしい程度において、大企業の不在所有者のための財貨配給や関税徴収の関門の門番の地位に落ちこんだ。雑貨屋、金物店、肉市場、薬屋、靴屋などは、ますます広範に、仲買人や製造業者のための地方的配給業者の地位におちいりつつある。」[12]
このようにして、とくに北部においては、「地方都市」を中心として、土地の占有、収奪とその私的利得への転換がおこなわれる。これにたいして、南部においては、北部とは異った土壌や作物の条件のために、黒人奴隷とプランテーションの「特殊制度」が発生し、すべてのことが、それを基軸として旋回するようになった。しかし、ヴェブレンのみるところによると、南部においても「地方都市」がまったく無意味ではなかったと同じく、北部も黒人奴隷とまったく無関係ではなかった。
「奴隷貿易は主として北部の企業であり、その中心はニューイングランドであるといわれる。それは、疑いもなく、その地域の商業精神にある種の容赦のない図々しさを与える効果をもったと同時に、それはまた、ニューイングランドにおける商業資本の早期の蓄積とも実質的な関係があった。」[13]
農場や不動産の取得と相並んで、金その他の貴金属、木材、石炭、鉄鉱、石油、天然ガス、水力、灌漑、交通路等の自然資源の開発と利用も、資本主義的利潤と不在所有の大きな源泉となった。これらの資源の開発と収奪は、つねに販売術と最大限利潤の原則によっておこなわれる。したがって、社会全体からみれば、由々しい害悪であるような、資源の浪費や破壊がおこなわれることも少なくない。木材業、金坑、石油業などにおいては、しばしば濫伐、濫掘、過大投資といったようなさまざまな浪費がおこる。しかし、それは、営利主義のもとにおいては、止むをえざることであり、むしろ健全なことである。

「木材業者の、早く金持になろうとする熱意は、けっして故意に破壊的となるわけではない。それは、健全な企業原理にしたがって運営されており、またそれ以外には運営のしようがないために、木材供給の破壊的な浪費がそれにともなうだけである。……この国の木材資源を抜きとる企業に従事し、それによって利潤をえている産業の将帥は、まったくその権利の埒内にいたし、企業倫理の埒内にいた。[14]」

「このような開拓的な石油業にともなう浪費や、その過大な費用は、金生産のばあいのような生産高にたいする高い比率（アラスカの金坑にたいしては約五〇〇パーセント）には上らないであろうが、しかし絶対数で計るならば、石油生産にたいする私的創意によってひきおこされる無駄な費用や無駄な生産高の合計額は、金にたいするそれに相当する合計額より大きいことは疑いがない。[15]」

「このような浪費や不能率の全体の経路は、取得と転換のアメリカの計画のもとでは、当り前のことである。それは、少なくとも私的創意の非難の余地のない適用であり、多くのばあい、手柄になる仕事とみなされる。……一定の時代、一定の法律や慣習のもとにおいては、それは健全な営利企業である。それは、大企業と、それがつねに目指している独占的支配がやはり健全な企業であるのと同じである。[16]」

ヴェブレンの見解によると、アメリカをふくめてのキリスト教国の人民の経済生活は、結局、つぎの三つの制度――機械制産業、価格体制および国家組織によって支配される。現代の産業体制は物理学や化学の技術によって支配されており、それは手工業制度の大幅な修正によって、最近に生み出されたものである。現代の価格体制は不在所有者制度によって支配されており、これまた手工業制度からの、いちじるしく変革された所産である。そして、思考慣習としての国家は、民主主義的議会制度の添加によって表面的に変換されたところの、近世初期の略奪的帝政国家の残滓形態である。そのような制度は、結局、大企業と不在所有者をますます肥大化させるだけであって、けっして下層の人民大衆の福祉の向上を保証するものではない。しかし、それはアメリカ社会の中にしっかりと根を下した基本的制度であって、容易に他の制度によってとって代えられるものではない。「これらの点にかんする一般の効果的な動きが、近い将来にいちじるしく変化するということも、おこりそうにもない。」ヴェブレンはそのようにいう。

これによってわかるように、ヴェブレンは、アメリカの不在所有者制が、憲法そのものの中に根拠をもつものであり、したがって、それを改変することは容易でないことを、十分に明確に意識していた。しかし、かれはそれと同時に、そのような制度が根本的な矛盾を内包しており、その体制がそのままに発展すればするほど、その矛盾が深刻となることをも、はっきりと認識していた。かれは『不在所有者制』のいちばん最後のところでこうかいている。

「近い将来にたいしては、見透しは、つぎのような信念にますます十分な確証を与えるようにおもわれる。それは、営利主義があらゆるものの基礎となる、ということである。したがって、見透しはつぎのようにならざるをえない。産業のこまかな企業的統制が、もしもすでに達成されていないならば、間もなく達成されるにちがいないし、そして、たちまち、総体の長期的錯乱という危機的な点を越えてすすむにちがいない。この点を越えると、同じ営利主義の上に、同じ戦略をひきつづいて追求することは、全体の物的生産高の不足の幅をますます拡げることになるし、また利用しうる生活資料をますます縮小させることになるであろう[17]。」

それは、いわばヴェブレンの「白鳥の歌」であった。それは、近い将来に、アメリカの不在所有者制の中に、由々しい矛盾と困難が必然的にあらわれることを、いつもながらの抽象的な言葉で予言したものであった。かれの予言は、それから六年後にまさに事実となって具現した。しかし、ヴェブレンはそれを自分の眼でみることはできなかった。

1) Thorstein Veblen, *Essays in Our Changing Order*, 1934. p. 439.
2) *Ibid.*, p. 432—3.
3) *Ibid.*, p. 436.
4) Thorstein Veblen, *Absentee Ownership and Business Enterprise in Recent Times. The Case of America*, 1923. p. 118.
5) *Ibid.*, p. 119.
6) *Ibid.*, p. 125.
7) *Ibid.*, p. 131.
8) *Ibid.*, p. 140.
9) *Ibid.*, p. 142.

10) *Ibid.*, p. 147.
11) *Ibid.*, p. 153.
12) *Ibid.*, p. 152.
13) *Ibid.*, p. 171.
14) *Ibid.*, p. 191.
15) *Ibid.*, p. 200.
16) *Ibid.*, p. 301.
17) *Ibid.*, p. 445.

二　パロ・アルトの黄昏

その頃、ヴェブレンの健康はますます衰えていた。その上、あらゆることがうまくゆかなかった。かれにとっては『不在所有者制』をかくことも辛い仕事であった。かれは、以前よりももっとしばしばロージェット辞典に頼らねばならなかった。かれは原稿ができ上るにしたがって、それを友人に示し、繰り返えしの個所を指摘してほしいと頼んだが、友人たちは、ヴェブレンにとっては、繰り返えしをしないことの方が無理であることがわかった。

二度目の夫人であるアンヌ夫人は、一九二〇年に死んだ。エレン・ロルフは、その後もヴェブレンと文通をつづけていた。かの女はヴェブレンを見神論に転向させようとした。ヴェブレンはかの女に親切な返事をかき、自分の著書を送った。かの女は、かれが再び自分のところに帰ってくることを期待していたようにみえた。しかし、かれは帰ってゆかなかった。

一九二三年の初めには、かつて新社会科学学院のヴェブレンの俸給に四、五〇〇ドルを醵出したかつてのシカゴ時代の教え子が、ヴェブレンの援助のために、毎年五〇〇ドルを提供することになった。しかし、ヴェブレンの生活は楽でなかった。今後の方針もきまらなかった。一九二四年の夏、かれはイサドア・ルービンに「次はなにをやるのか、さっぱりわからない、」とかいた。ミッチェルにも「やっぱり風の吹くままです、」とかいた。かれは、その年の冬か、一九二五年の春に、イギリス帝国主義を研究するために、イギリスにゆきたいとおもった。かれは、イギリスがいまなお世界にたいする支配力をもっていることの秘密を知りたいとおもった。新社会科学学院のアルヴィン・ジョンソンは、ヴェブレンのために要るだけの資金を調達することを試みた。しかし、その企図も結局、実現しなかった。

その頃、「アメリカの経済学会」の若手会員のあいだに、ヴェブレンを会長に推そうとする世論が高まった。ポール・ダグラスや、ジョン・モーリス・クラークなどがその中心であった。一九二四年の初夏の頃とおもわれるが、会長指名委員会の委員長であったエドウィン・セリグマンは、ヴェブレンを訪ねて、会長をひきうけることを懇請した。ヴェブレンはそれを断わった。かれは、セリグマンが辞去した後に、友人のひとりにこう言った。

「かれ〔セリグマン〕を断わったことは、まことに愉快だった。かれらは、わたくしが必要とおもったときに、それを提供しなかった。」

一九二五年には、かれはアイスランドの神話である The Laxdaela Saga の英訳を出版した。かれが最初、この仕事を企てたのは三十七年前のことであった。かれは、この仕事を「人間が歳とってからやることのひとつ」と考えていた。かれは、出版社のヒューブシュに、これを出版すれば損をするだろうといった。しかし、ヒューブシュは、ヴェブレンの本でもうかったことは一度もないから、構わないといった。

一九二六年には、ポール・ダグラスが中心となって、アメリカ経済学会の資金援助によって、ヴェブレンの七十歳記念論文集を編む企てがおこなわれた。しかし、この企画は結局、資金難のために実現しなかった。ヴェブレンは、その企てをきいたときに、直ちにそれに反対し、「わたくしはまだ死んでいない」といった。

その年の五月に、エレン・ロルフが病死した。かの女の死とともに、ヴェブレンにとっても人生の黄昏が迫ってきたようにみえた。かれは、もはや伝説上の人物であった。東部にはもはや用事がなかった。かれはカリフォルニアのスタンフォードの近くに、わずかばかりの土地があった。かれは西部へゆくことは、冷蔵庫にはいってゆくような気がするといって、いやがった。しかし、ほかに仕方がなかった。かれは、一九二七年の春、義理の娘ベッキーをつれて、西部へいき、二度と東部に戻ることがなかった。

ヴェブレンが、途中、姉が住んでいるミネアポリスや、兄アンドリュウがいるサン・ディエゴに立ち寄ってから、カリフォルニア州のパロ・アルトに着いたのは、その年の三月のことであった。そこは、ヴェブレンが二十年前、スタンフォード大学のスタフであった当時、住んでいたところで、かれはそこに三つの小さな家をもっていた。しかし、いま実際にきてみると、そのうちのどれも使うことができなかった。山の上の、かつてヴェブレンが鶏小屋を改造してつくった小さな家は、すっかりいたんでいて住むことができなかった。スタンフォードの近くの家は、女の借家人が住んでいて、けっして立ち退こうとはしなかった。もうひとつの、エレン・ロルフが建てた家には、頑固な老人が住んでいて、エレン夫人がいつまでもいてよろしい、といったということを盾にとって開け渡してくれなかった。『不在所有者制』の著者が、その不在所有権を、もののわからない老人にむかって主張しなければならないということは、運命の皮肉ともいうべきものであった。ヴェブレンは、はいることを拒否された家の石段に腰をおろして、うつろな笑いをもらした。

ヴェブレンはやっと町の家をあけてもらって、一年ほどそこに住んだ。その家は、がらんとしていて、ほこりだらけで、まるで家畜小屋のようであった。庭も灌木や雑草の八重もぐらであった。ヴェブレンは自分で生木の背の高い椅子をつくって使った。かれが着ていた洋服は、ごわごわしたもので、自分で立っていそうな代物であった。かれは、シーアス・ローバックから通信販売で、いちばん重たい仕事靴を買って、はいた。かれは、七十歳の誕生日のちょっと前に「優生学の実験」というスカンディネヴィア諸国からの移民の優生学上の問題にかんする論文をかいたが、それは公表する機会がえられなかった。

やがて山の家の修繕ができたので、ヴェブレンはそこに移った。その家は、パロ・アルトの山の中の、人里から遠く離れた山荘であった。かれは、そこでも自分で、ニューイングランド風の戸外椅子をつくり、それに坐ってなん時間でも過した。かれは、草も木も繁るにまかせた。鳥や虫もかまわなかった。野鼠は家中をうろちょろしていたし、スカンクは猫のように馴れて、ヴェブレンの脚に顔をすりつけた。ヴェブレンの身辺はますます淋しくなった。かれはますます孤独を愛するようになり、昔の親しい友人にも会おうとしなかった。ダヴェンポートは、スタンフォード大学の夏期講習にきたときに、二度ほどヴェブレンを訪ねたが、かれは自分の方から連絡しようとはしなかった。

ヴェブレンの家計はますます苦しくなった。かれはカリフォルニアの葡萄園にいくらかの投資をしていたが、その事業が失敗したために、かれの投資もすっかり無駄となった。かれは多少の石油株ももっていたが、これも暴落した。かれは、以前、家政婦として雇った婦人の息子に金を貸し、その抵当としてある農場を手にいれていた。しかし、それから上る地代は、税金を払うのがやっとであった。かれの著書の印税収入は、一年にせいぜい五〇〇ドルか六〇〇ドルにすぎなかった。かれのシカゴ時代の教え子は、その後も毎年五〇〇ドルを送ることを欠かさなかった。そのひとは、一九一九年から一九二九年までの十年間に、合計八、〇〇〇ドルをヴェブレンに贈った。そのほかにも、ときどきヴェブレンに物質的援助を与えるひとがあった。しかし、それでも、かれはいつでも生活費のことを心配しなければならなかった。

健康状態もよくなった。一九二八年四月、昔の教え子のひとりが訪ねてきたときにも、かれはしきりに健康の不調を訴えた。なにをやってもすぐ疲れる、医者も原因がわからない、かれはそういった。かれは、しきりにウィスコンシンのワシントン島に帰りたいというようになった。ベッキーは、それは、かれがその土地に郷愁があるからだろうといった。するとヴェブレンは、いまは「時計の鳴るのを待っているだけ」だから、どこでもいいのだといった。

一九二九年六月、ウエズレー・ミッチェルはヴェブレン選集を出版することを企画し、その緒論をかいてヴェブレンにみせた。ヴェブレンはそれをみて「悪いところもありませんし、直すところもありません。複刻のための正しい選択をするなら、わたくし自身よりも、ずっとあなたを信頼しなければなりません、」とかき送った。

かれは、その年の夏、東部へゆくことを計画したが、そのときには、もうかれの健康がそれをゆるさなかった。ある日、かれはつき添っていた親戚のフィッシャー夫人にいった。

「ずっと前に死んだ自分の家族のものが、ノールウェー語で話しかける声がきこえた。

それは、その頃、自分がそのひとと話していた調子と同じように正確で、はっきりしていた。」

かれは、それから間もなくして死んだ。それは一九二九年八月三日のことであった。死因は心臓病であった。

最後までヴェブレンの世話をしていた門下のアーヅルーニは、かれの部屋で、一週間以内にかかれたとおもわれる鉛筆がきの署名のない遺書らしいものを発見した。それには、つぎのようにかかれてあった。

「死亡のばあいには、うまくできれば、いかなる種類の礼拝も儀式もやらずに、できるだけ手早く、また安上がりに火葬に付することがわたくしの希望である。自分の灰は、海または海に注ぐ大河にまき散らすこと。いかなるとき、いかなる場所をとわず、また名称や性質はいかなるものでも、わたくしの記念もしくは名前による墓石、碑板、碑銘、肖像、扁額、碑文もしくは記念碑を建立しないこと。わたくしの追悼文、追憶記、肖像ないし伝記も、わたくしに宛てた書翰ないし、わたくしがかいた書翰も、印刷ないしは公刊せず、またいかなる方法でも、再製、複写ないしは頒布しないこと。[1)]」

ヴェブレンの葬儀は、アーヅルーニと、たまたまスタンフォードにきていたダヴェンポートとが中心となっておこなわれた。それに参列したのは、ダヴェンポートならびにアーヅルーニのほか、ウイリアム・キャムプ、ウオーター・スチュアートその他の少数の門下生と、スタンフォード大学のフレデリック・アンダースン教授くらいのものであった。かれらは、協議の末、ヴェブレンの遺言通り、かれの遺骸を火葬にし、その灰を太平洋にまき散らした。それは、ヴェブレンがその到来を予告したアメリカ資本主義の「錯乱」が、株式市場恐慌の形をとってあらわれたときから、二ヵ月ほど前のことであった。

1) Thorstein Veblen, *Essays in Our Changing Order*, 1934. Introduction by Leon Ardzrooni V.

ヴェブレンの著作

The Theory of Leisure Class: An Economic Study in the Evolution of Institutions, New York, 1899.
（*The Theory of Leisure Class: An Economic Study of Institutions*, New York, 1912）
（大野信三訳『有閑階級論』大正一三年，陸井三郎訳『有閑階級論』昭和三四年，河出書房，小原敬士訳『有閑階級の理論』昭和三六年，岩波書店）

The Theory of Business Enterprise, New York, 1904.（稲森佳夫訳『企業の理論』昭和六年）

The Instinct of Workmanship and the State of the Industrial Arts, New York, 1914.

Imperial Germany and the Industrial Revolution. New York, 1915.

An Inquiry into the Nature of Peace and the Terms of Its Perpetuation, New York, 1917.

The Higher Learning in America: A Memorandum on the Conduct of Universities by

Business Men, New York, 1918.

The Vested Interests and the State of the Industrial Arts, New York, 1919.（*The Vested Interests and the Common Man*, New York, 1920.）（猪俣津南雄訳『特権階級論』大正一四年）

The Place of Science in Modern Civilisation, and Other Essays, New York, 1919.

The Engineers and the Price System, New York, 1921.（小原敬士訳『技術者と価格体制』一九六二年，未来社）

Absentee Ownership and Business Enterprise in Recent Times: The Case of America, New York, 1923.（橋本勝彦訳『アメリカ資本主義批判』昭和一五年）

The Laxdæla Saga: Translated from the Icelandic, with an Introduction, New York, 1925.

Essays in Our Changing Order, edited by Leon Ardzrooni, New York, 1934.

著者略歴

1903年生まれ
1929年　東京商科大学卒
1972年　死去　元一橋大学教授
著　書　『アメリカ資本主義の形成』（時潮社）
　　　　『アメリカ経済学の諸形態』（実業之日本社）
　　　　『アメリカ経済思想の潮流』（勁草書房）、ほか
訳　書　ヴェブレン『有閑階級の理論』（岩波書店）
　　　　ヴェブレン『企業の理論』（勁草書房）、ほか

新装版 ヴェブレン

1965年 2 月25日　第 1 版第 1 刷発行
1982年 1 月20日　改装版第 1 刷発行
2007年 5 月25日　新装版第 1 刷発行

著　者　小《お》　原《はら》　敬《けい》　士《じ》

発行者　井　村　寿　人

発行所　株式会社　勁《けい》　草《そう》　書　房

112-0005　東京都文京区水道2-1-1　振替　00150-2-175253
（編集）電話　03-3815-5277／FAX　03-3814-6968
（営業）電話　03-3814-6861／FAX　03-3814-6854
総印・鈴木製本

ISBN978-4-326-19827-6　　Printed in Japan

人名索引

（アルファベット順）

A

アーヅルーニ (Leon Ardzrooni) ……93, 181, 197, 198, 211, 212, 236, 239

B

ビアード (Charles A. Beard) ……211, 213
ベラミー (Edward Bellamy)……26
ベミス (Edward W. Bemis) ……37
ボアス (Franz Boas) ……34
ブレンターノ (Lujo Brentano)……140
ブライヤン (William Jennings Bryan) ……215
バーナム (James Burnham)……8

C

コールドウェル (William Caldwell) ……34
カーヴァー (Thomas N. Carver)……86
チェンバレン (Thomas Chamberlain) ……33
クラーク，ジョン・ベイツ (John Bates Clark) ……20, 24, 59
クラーク，ジョン・モーリス (John Morris Clark) ……231
コモンズ (John R. Commons) ……37
クック (William W. Cook) ……27
コクシー (J. S. Coxey)……35
カミングス，エドワード (Edward Cummings) ……87
カミングス，ジョン (John Cummings) ……55

D

ダーウィン (Charles Darwin) ……12, 103, 111, 113
ダヴェンポート (H. J. Davenport) ……87, 116, 117, 119, 170, 213, 234, 237
デブス (Eugene V. Debs) ……35
デューイ (John Dewy)……34, 211
ドブリアンスキー (Lev E. Dobriansky)……6, 7, 9, 17, 15, 105
ドーフマン (Joseph Dorfman) ……5, 14, 17, 159, 196
ドス・パソス(Dos Passos) ……117

ダグラス (Paul Douglas) ……231
ドウド (Douglas F. Dowd) ……6

E

イーリ (Richard T. Ely) ……21, 37, 59

F

フェリ (Enrico Ferri) ……36
フォイヤー (Lewis Feuer) ……17
フィッシャー (Irving Fisher) ……64, 96, 97
フリント (Robert Flint) ……107

G

ジョージ (Henry George) ……25, 106
ハドレー (Arthur T. Hadley) ……19
ハーパー (William R. Harper) ……33, 37, 38, 86
ヘーゲル (George F. W. Hegel) ……110
ヒッコック (Laurens P. Hickok) ……19
ヒットラー (Adolf Hitler) ……153
ホブスン (J. A. Hobson) ……36
ホルスト (Von Holst) ……33
フーヴァー (Herbert Hoover) ……171
ハウェルズ (William Dean Howells) ……57

J

ジョンスン (Alvin Johnson) ……142, 213, 230
ジャドスン (Harry P. Judson) ……33

K

カント (Immanuel Kant) ……21, 22
カウツキー (Karl Kautsky) ……36
ケインズ (J. M. Keynes) ……174, 175, 177, 138
カーカップ (T. Kirkup) ……36

L

ラブリオラ (Antonio Labriora) ……36
ラサルレ (Ferdinand Lasalle) ……25, 61

ラスキ (Harold J. Laski)……211
ラフリン (J. Laurence Laughlin)……31
レスリー (Cliffe Leslie)……25
ラーナー (Max Lerner)……8, 11, 36
ルヴァスール (Émile Levasseur)……36
ロイド (Henry D. Lloyd)……28, 59
レーブ (Iacque Loeb)……34
ローレンツ (Max Lorenz)……36
ルービン (Isador Lubin)……198, 230

M

マルクス (Karl Marx)……12, 36, 64, 92, 96, 108, 109, 113
マクコッシ (James McCosh)……19
マイケルスン (Albert Michelson)……34
ミル (J. S. Mill)……25
ミッチェル (Wesley C. Mitchell)……62, 87, 198, 211, 213, 230, 235
ムーディー (William V. Moody)……34

N

ニアリング (Scot Nearing)……214

P

パースンズ (Albert R. Parsons)……28
パース (Charles S. Peirce)……22
ポーター (Noah Porter)……22, 24

R

リースマン (David Riesman)……16, 17, 23
ロックフェラー (John D. Rockefeller)……33
ローゼンバーグ (Bernard Rosenberg)……6
ロス (Edward A. Ross)……56

S

スコット (Howard Scott)……212
シュモラー (Gustav Schmoller)……102, 103, 104
セリグマン (Edwin Seligman)……231
スモール (Albion Small)……33

スミス (Adam Smith) ……70, 200
ゾンバルト (Werner Sombart) ……36, 62, 64, 67, 137
スペンサー (Herbert Spencer) ……21, 23, 32, 105
スタール (Frederick Starr) ……34
ステフェンズ (Lincoln Steffens) ……29
スチュアート，ヘンリー (Henry W. Stewart) ……95
スチュアート，ウオーター (Walter Stewart) ……170, 237
サムナー (William Graham Sumner) ……23, 24
スウィージー (Paul A. Sweezy) ……6, 8

T

ターベル (Ida Tarbell) ……29, 60
タウシッグ (Frank H. Taussig) ……92, 116, 143
トーマス (William Isac Thomas) ……34
トリッグス (Oscar L. Triggs) ……34

V

ヴェブレン，アンドリュウ (Andrew A. Veblen) ……18, 21, 232
ヴェブレン，アンヌ (Anne Fessenden Veblen) ……118, 198, 230
ヴェブレン，カリ (Kari Bunde Veblen) ……12, 16
ヴェブレン，エレン (Ellen Rolf Veblen) ……25, 31, 93, 114, 119, 230, 232
ヴェブレン，オスワルト (Osward Veblen) ……18
ヴェブレン，トーマス (Thomas Anderson Veblen) ……12, 13, 16, 94

W

ワグナー (Adolf Wagner) ……102
ウォーカー (Francis A. Walker) ……19
ウォーレス (Henry A. Wallace) ……160
ワルラス (Graham Wallas) ……159
ウォーリング (W. E. Walling) ……85
ウォード (Lester F. Ward) ……56
ワトキンズ (Myron Watkins) ……120, 144
ウェイランド (Francis Wayland) ……19
ウェーバー (Max Weber) ……64, 140
ウェルズ (D. Collin Wells) ……54
ワイル (Walter Weyl) ……159
ウイルスン (Thomas W. Wilson) ……161, 162, 170, 177

Y

事 項 索 引

(50 音順)

ア 行

カ 行

サ 行

タ 行

ナ 行